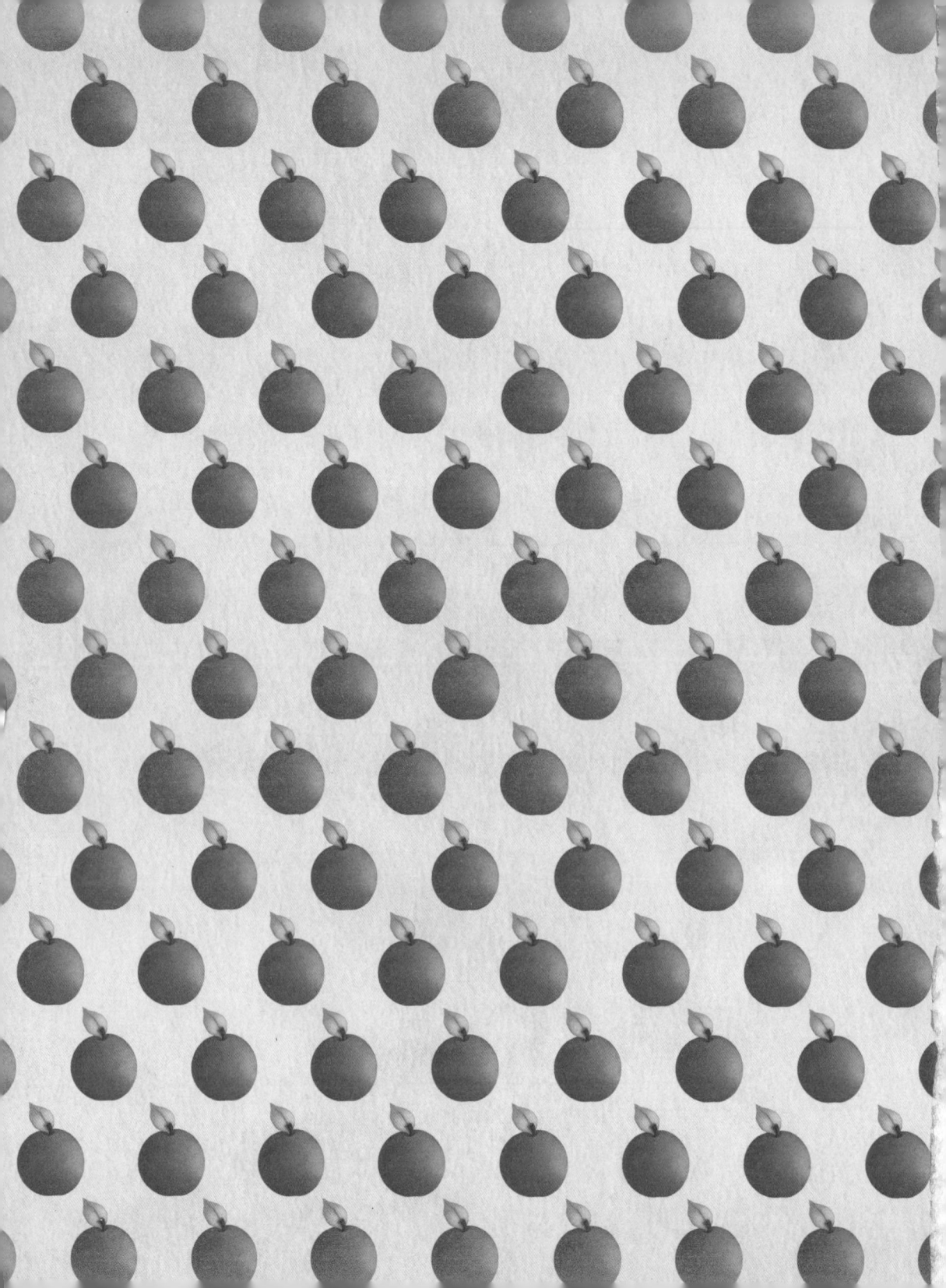

Dieses Buch gehört

50 Grimms Märchen

neu nacherzählt

Xenos

Illustrationen
Advocate Art: Polona Kosec, Ayesha Lopez, Martina Peluso, Atyeh Zeighami
The Bright Agency: Louise Ellis, Kristina Swarner
Pickled Ink: Lucia Masciullo
Plum Pudding: Mónica Carretero, Bruno Robert, Claudia Venturini

Inhalt

VERWÜNSCHUNGEN UND VERWANDLUNGEN

TAPFERE JUNGEN, MUTIGE MÄDCHEN

DAS KLEINE VOLK

BÖSE HEXEN

SIE LEBTEN GLÜCKLICH UND ZUFRIEDEN

Die Brüder Grimm

Es war einmal ... Vor ungefähr 200 Jahren lebten in Deutschland zwei Brüder namens Jacob und Wilhelm Grimm. Sie verstanden sich prächtig und verbrachten viel Zeit zusammen. Beide studierten Rechts-

wissenschaft, doch dann wurden sie Bibliothekare und später Universitätsprofessoren.

Die Brüder liebten Erzählungen und Volkssagen, wie sie von Großeltern und Eltern seit Hunderten von Jahren von Generation zu Generation an die Kinder weitergegeben wurden. Die Brüder Grimm hielten sie schriftlich fest und veröffentlichten über 200 davon in einem Buch.

Bis heute sind diese Geschichten in den unterschiedlichsten Formen und in vielen Sprachen weitererzählt worden, viele dienten als Vorlagen für Filme, Theaterstücke oder Ballettstücke. In diesem Buch sind 50 der schönsten Märchen aus dieser Sammlung für kleine Kinder nacherzählt.

12

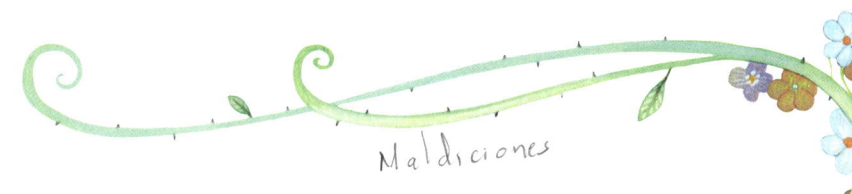

VERWÜNSCHUNGEN UND VERWANDLUNGEN

Maldiciones

Transformaciones

13

Der Frosch- könig

Vor langer Zeit, da lebte ein König, der hatte drei Töchter. Alle drei waren wunderschön und es kamen viele Prinzen, die um die Hand einer der drei Prinzessinnen anhielten. Aber alle waren sich einig, dass die Jüngste die Schönste von allen war.

Der Froschkönig

In der Nähe des Königsschlosses befand sich ein dunkler Wald und die jüngste Prinzessin liebte es, im Sommer durch den Wald zu einem Brunnen zu wandern. Dort blieb sie und spielte mit einer goldenen Kugel, die sie fast immer bei sich hatte, und bestaunte das glitzernde Licht auf ihrer Oberfläche.

Eines heißen Sommertages glitt ihr die Kugel plötzlich zwischen den Fingern hindurch. Sie fiel auf den Boden, sprang noch einmal auf, rollte über den Brunnenrand und landete mit einem Platsch im Wasser. Die Prinzessin spähte hinunter in den Brunnen, konnte jedoch in der Dunkelheit nichts sehen. Sie sank auf den moosigen Boden und fing an zu weinen.

VERWÜNSCHUNGEN UND VERWANDLUNGEN

„Sei nicht traurig", quakte eine Stimme,
„ich kann dir deine Kugel wieder holen."
Erschrocken blickte die Prinzessin auf,
aber es war niemand zu sehen außer einem
fetten Frosch, der auf dem Brunnenrand saß.

„Wirklich?", fragte sie atemlos und ihr
Gesicht hellte sich auf.

„Ja, natürlich", versicherte ihr der Frosch,
„aber was gibst du mir dafür?"

„Oh, alles, was du willst", sprudelte es aus
der Prinzessin heraus. „Meine silbernen
Schuhe …, mein goldenes Täschchen …,
sogar mein diamantenes Krönchen!"

„Nein, nein", quakte der Frosch, „was soll
ich denn damit anfangen? Versprich mir einfach, dass wir beste Freunde sein werden."
Seine Glupschaugen wurden ganz sanft.

16

Der Froschkönig

„Ich will immer bei dir sein, jeden Tag. Ich will mit dir von deinem goldenen Teller essen und in deinem behaglichen Bett schlafen – wie schön wir es zusammen haben werden!"

„Ja, ja", stimmte die Prinzessin eilig zu, denn sie sehnte sich danach, ihren kostbaren Besitz zurückzubekommen.

„Ich verspreche dir all das, wenn du mir nur die goldene Kugel wiederbringst."

Der Frosch lächelte und sein Maul wurde dabei noch

breiter. Er hüpfte vergnügt in den Brunnen.
Nur ein oder zwei Minuten später tauchte er
mit der goldenen Kugel wieder auf. Die
Prinzessin war entzückt! Sie nahm die Kugel
und rannte durch den Wald davon.

„Warte, warte!", quakte der Frosch und
hüpfte hinter ihr her. Er rief: „Heb mich auf!
Ich bin nicht so schnell wie du!"

Doch in ihrer Freude hatte die Königstochter ihren Helfer ganz vergessen. Sie
rannte heim zum Schloss und der arme
Frosch blieb weit zurück.

Als die Prinzessin und der König beim
Abendessen saßen, hörten sie, wie etwas
Nasses die Treppe des Schlosses heraufkam –
plitsch, platsch, plitsch, platsch! Dann klopfte
es an die Tür des Speisesaals und eine Stimme

ertönte: „Jüngste Prinzessin, bitte lass mich herein!"

Neugierig ging die Prinzessin nachschauen, wer das wohl war. Doch als sie die Tür öffnete und sah, dass der Frosch davorsaß, schlug sie die Tür sofort wieder zu. Bestürzt setzte sie sich auf ihren Platz, ohne ein Wort zu sagen. Der König sah, dass seine Tochter zitterte, und fragte: „Was um alles in der Welt hat dir solche Angst eingejagt?" Dann lachte er gutmütig: „Steht ein Riese vor der Tür, der gekommen ist, um dich zu holen?"

Die Prinzessin wurde bleich.

„Es ist kein Riese", sagte sie ganz kleinlaut, „sondern ein grässlicher Frosch."

Sie erzählte, was ihr an diesem Tag widerfahren war.

VERWÜNSCHUNGEN UND VERWANDLUNGEN

Es klopfte wieder, und die Stimme des Frosches rief: „Jüngste Prinzessin, lass mich ein! Gewähre mir, was du versprochen hast!"

Der König machte ein ernstes Gesicht.

„Wenn du ein Versprechen gegeben hast, musst du es halten", sagte er streng.

Die jüngste Prinzessin stand langsam auf, holte tief Luft und ging, um den Frosch hereinzulassen. Dieser folgte ihr hüpfend zu ihrem Stuhl.

„Heb mich hoch, damit ich bei dir sitzen kann", quakte er.

Angeekelt wandte sich die Prinzessin ab, doch der

Der Froschkönig

König bestand darauf, dass sie tat, worum der Frosch sie gebeten hatte.

Als der Frosch neben der Prinzessin auf dem Tisch saß, sagte er: „Nun schieb die goldenen Teller ein wenig näher zu mir, damit wir zusammen essen können."

Die Prinzessin musste gehorchen. Nachdem sich der Frosch den Bauch vollgeschlagen hatte, fing er an zu gähnen.

„Köstlich", sagte er, „aber jetzt bin ich müde. Lass uns schlafen gehen."

Da ließ die Prinzessin den Kopf hängen und fing an zu weinen. Der König sah sie jedoch streng an. So hob sie das schleimige Wesen mit Daumen und Zeigefinger auf und hielt es weit von sich weg. Sie trug den Frosch nach oben in ihr Schlafgemach und ließ ihn in einer Ecke fallen, dann sprang sie rasch ins Bett und zog sich die Decke über den Kopf.

Da kam der Frosch zu ihrem Bett gehüpft und quakte: „Lass mich zu dir unter die Decke, sonst sage ich es deinem Vater."

Die Prinzessin stöhnte. Sie warf die Decke zurück und ließ den Frosch neben sich auf die Matratze springen. Doch als seine kalte, feuchte Haut sie berührte, wurde sie zornig.

„Das reicht!", schrie sie.

Sie packte den Frosch und schleuderte ihn von sich. Als er durch die Luft flog, geschah etwas Seltsames. Der Frosch wurde plötzlich ganz verschwommen – er veränderte seine Gestalt und wurde größer. Zum großen Erstaunen der Prinzessin stand plötzlich ein

schöner Prinz vor ihr mit dem freundlichsten
Gesicht, das sie je gesehen hatte. Der Prinz
lächelte und erklärte sanft, dass eine böse
Hexe ihn verzaubert hatte. Die Prinzessin
war die Einzige, die ihn hatte retten können,
und weil sie ihr Versprechen eingehalten
hatte, war der Fluch gebrochen worden.

Der Prinz kniete dankbar vor der
Prinzessin nieder und als sie einander in die
Augen sahen, verliebten sie sich ineinander.
Natürlich war der König erfreut und erteilte
dem glücklichen Paar die Erlaubnis zu heira-
ten. Kurze Zeit später machten sie sich in
einer goldenen Kutsche, die von acht weißen
Pferden gezogen wurde, auf den Weg ins
Reich des Prinzen.

Der
Fischer
und seine
Frau

Es war einmal ein armer Fischer, der mit seiner Frau in einer armseligen [miserable] Hütte am Meer wohnte. Jeden Morgen fuhr [sulis] er zum Fischen hinaus. Und jeden Abend kehrte er mit ein paar wenigen Fischen nach Hause zurück – gerade genug, dass er und

24

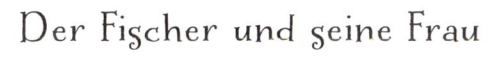

seine Frau nicht verhungerten. Als der
Fischer eines schönen Tages die Angel aus
dem ruhigen Meer zog, war er überrascht,
dass ein riesiger Butt daran baumelte.

„Hör mich an, Fischer!", sagte der Butt.
„Ich bitte dich, lass mich am Leben. Ich bin
eigentlich gar kein Butt, sondern ein verwunschener Prinz! Bitte lass mich wieder frei."

„Selbstverständlich", sagte der Fischer und
warf den Butt zurück ins Wasser, damit
dieser davonschwimmen konnte. Dann eilte
er zurück nach Hause.

Dort murrte seine Frau: „Hast du denn
heute gar nichts gefangen?"

„Doch, eigentlich schon", sagte der Mann.
„Ich habe einen sprechenden Butt gefangen,
der sagte, er sei ein verwunschener Prinz. Er

bat mich darum, ihn wieder freizulassen, und das habe ich natürlich getan."

„Hast du dir denn gar nichts dafür gewünscht?", beklagte sich die Frau.

„Nein", sagte der Mann, „das kam mir nicht in den Sinn. Was hätte ich mir denn wünschen sollen?"

„Nun, schau dich doch um", seufzte die Frau, „es ist schrecklich, in dieser armseligen Hütte zu wohnen. Du hättest dir ein kleines Haus wünschen können. Geh den Butt suchen und bitte ihn darum!"

Dem Mann war das nicht recht, aber seine Frau jammerte und jammerte, bis er nachgab und wieder aufs Meer fuhr. Das Wasser war nicht mehr klar und friedlich, sondern grau und unruhig, als er rief:

26

Der Fischer und seine Frau

„Manntje, Manntje, Timpe Te,
Buttje, Buttje in der See, meine
Frau, die Ilsebill, will nicht so,
wie ich gern will."

Da kam der Butt ange-
schwommen und fragte:
„Na, was willst du?"

„Ich will nichts",
sagte der Mann,
„sondern meine
Frau. Sie mag

27

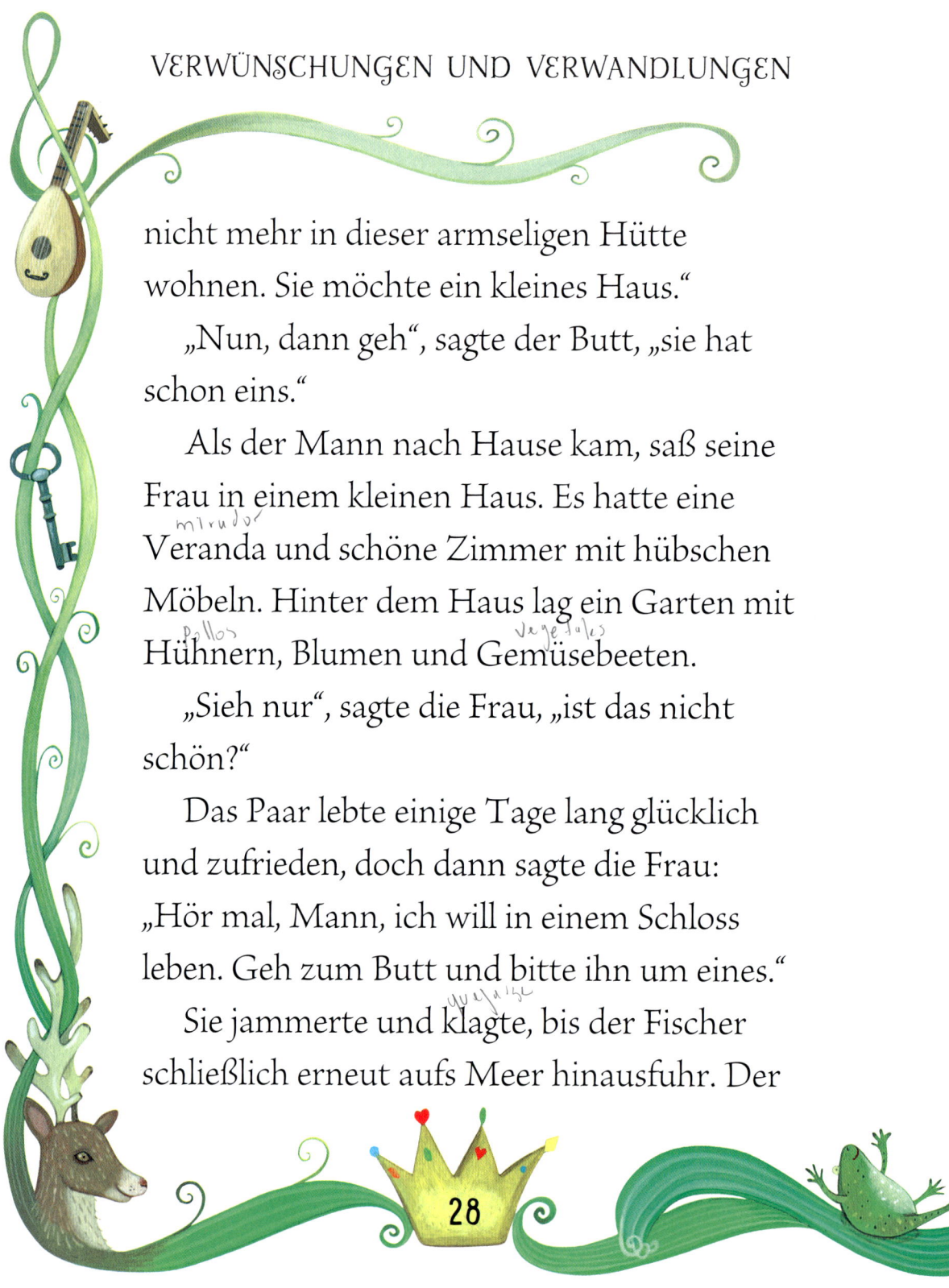

nicht mehr in dieser armseligen Hütte wohnen. Sie möchte ein kleines Haus."

„Nun, dann geh", sagte der Butt, „sie hat schon eins."

Als der Mann nach Hause kam, saß seine Frau in einem kleinen Haus. Es hatte eine Veranda und schöne Zimmer mit hübschen Möbeln. Hinter dem Haus lag ein Garten mit Hühnern, Blumen und Gemüsebeeten.

„Sieh nur", sagte die Frau, „ist das nicht schön?"

Das Paar lebte einige Tage lang glücklich und zufrieden, doch dann sagte die Frau: „Hör mal, Mann, ich will in einem Schloss leben. Geh zum Butt und bitte ihn um eines."

Sie jammerte und klagte, bis der Fischer schließlich erneut aufs Meer hinausfuhr. Der

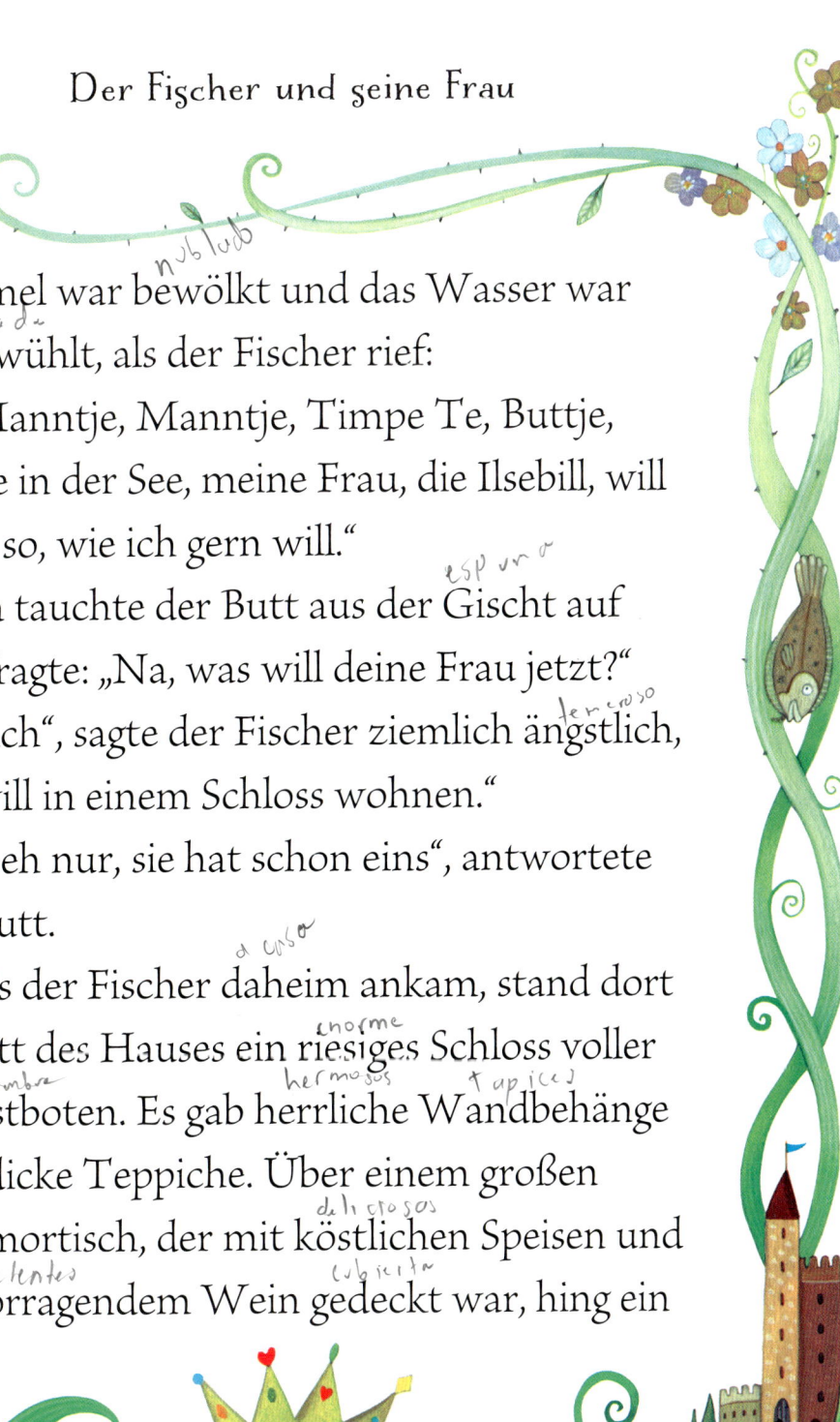

Himmel war bewölkt und das Wasser war aufgewühlt, als der Fischer rief:

„Manntje, Manntje, Timpe Te, Buttje, Buttje in der See, meine Frau, die Ilsebill, will nicht so, wie ich gern will."

Da tauchte der Butt aus der Gischt auf und fragte: „Na, was will deine Frau jetzt?"

„Ach", sagte der Fischer ziemlich ängstlich, „sie will in einem Schloss wohnen."

„Geh nur, sie hat schon eins", antwortete der Butt.

Als der Fischer daheim ankam, stand dort anstatt des Hauses ein riesiges Schloss voller Dienstboten. Es gab herrliche Wandbehänge und dicke Teppiche. Über einem großen Marmortisch, der mit köstlichen Speisen und hervorragendem Wein gedeckt war, hing ein

Kristallleuchter von der Decke. Hinter dem
Schloss lag ein Hof mit Ställen, in denen edle
Pferde standen, dahinter erstreckte sich ein
wunderschöner Park.

„Sieh dir das alles an", sagte seine Frau, „ist
es nicht herrlich?"

Sie nahmen ein Festmahl zu sich und
gingen schlafen. Am nächsten Morgen
weckte die Frau ihren Mann und sagte: „Steh
auf. Ich will Königin über das ganze Land
sein! Geh zum Butt und bitte ihn darum."

Sie klagte und zeterte, bis der Mann sich
wieder auf den Weg zum Strand machte.

„Das ist nicht richtig", murmelte er unent-
wegt. Als er am Meer ankam, war der
Himmel rabenschwarz. Der Wind peitschte
riesige Wellen auf, als der Fischer erneut rief:

30

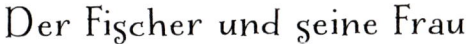

„Manntje, Manntje, Timpe Te, Buttje, Buttje in der See, meine Frau, die Ilsebill, will nicht so, wie ich gern will."

Der Butt hörte ihn, schwamm zum Ufer und fragte: „Na, was möchte deine Frau denn dieses Mal?"

„Ach", erwiderte der Fischer, „jetzt möchte sie Königin sein."

„Geh nur", sagte der Butt, „sie ist es schon."

Als der Fischer zu der Stelle kam, an der das Schloss gestanden hatte, erhob sich dort ein glitzernder Palast. Draußen standen Reihen von Soldaten und als er sich näherte, rissen sie die riesigen Tore auf. Herausgeputzte Höflinge füllten den prächtigen Saal. Seine Frau saß auf einem silbernen Thron und hatte eine goldene Krone auf dem Kopf.

„Mann", sagte die Frau des Fischers, „ich weiß, dass ich jetzt Königin bin und über das Volk regieren kann … Ich will aber auch den Mond auf- und die Sonne untergehen lassen. Ich will Gott sein."

„Nein", sagte der Fischer verärgert, „das kann ich von dem Fisch nicht ver-langen."

Da wurde die Frau sehr zornig.

„Was sagst du da?!", schrie sie. „Ich bin Königin und du bist nur mein Mann. Ich

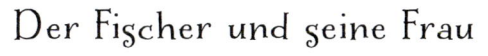

befehle dir, auf der Stelle hinzugehen und zu fragen!"

Der Fischer hatte Angst, doch er musste gehen. Ein heftiger Sturm tobte, als er am Meer stand und noch einmal rief:

„Manntje, Manntje, Timpe Te, Buttje, Buttje in der See, meine Frau, die Ilsebill, will nicht so, wie ich gern will."

Da erhob sich der Butt aus den schäumenden Wellen und fragte: „Na, was will deine Frau wohl dieses Mal?"

„Ach", flüsterte der Mann zitternd, „diesmal will sie Gott sein."

„Geh nur", sagte der Butt, „sie sitzt schon wieder in eurer alten Hütte."

Und dort leben die beiden bis zum heutigen Tag.

Die
Bienen-
königin

Es war einmal ein König, der hatte
drei Söhne. Als die beiden älteren Prinzen herangewachsen waren, zogen sie hinaus
in die Welt, um Abenteuer zu erleben. Doch
beide machten einen Fehler nach dem anderen. Sie ließen sich mit schlechten Menschen

ein, vergeudeten ihr Geld und kamen am Ende gar nicht mehr nach Hause. Der jüngste Prinz, den alle nur den Dummling nannten, vermisste seine Brüder sehr. Als er alt genug war, machte er sich auf, um sie zu suchen, und verwendete viel Mühe darauf, sie zu finden. Als es ihm endlich gelungen war, waren die beiden älteren Prinzen zu seiner Überraschung darüber wenig erfreut.

„Du hast uns wohl aufgespürt, um auch Abenteuer zu erleben, nicht wahr?", höhnten sie. „Nun, obwohl wir klug und tapfer sind, haben wir alles vermasselt. Wie kannst du Einfaltspinsel da glauben, dass aus dir ein Held werden könnte?"

Doch nachdem sie sich eine ganze Weile über ihn beschwert hatten, erlaubten seine großen Brüder Dummling, mit ihnen zu reisen. Sie waren noch nicht weit gewandert, als sie zu einem Ameisenhaufen gelangten. Die älteren Prinzen hatten die bösartige Absicht, den Ameisenhaufen mit einem Stock aufzuwühlen, denn sie wollten sich darüber amüsieren, wie die kleinen Insekten erschrocken durcheinanderkrabbelten. Doch Dummling wollte davon nichts hören.

„Lasst sie in Ruhe", rief er. „Ich werde nicht zulassen, dass ihr ihnen etwas zu Leide tut."

Seine Brüder murrten, aber am Ende gingen sie weiter, ohne die Ameisen zu stören. Bald darauf gelangten sie zu einem Teich, in dem Enten schwammen. Die ältesten Brüder unterhielten sich darüber, dass sie einige davon schlachten und essen könnten. Doch Dummling verbot ihnen auch das: „Auf gar keinen Fall", sagte er, „wir haben doch schon genug gegessen."

Seine Brüder murrten zwar wieder, willigten aber auch diesmal ein, die Tiere in Ruhe zu lassen. Einige Zeit später entdeckten sie in einem Baum einen Bienenstock, der vor Honig überlief. Die älteren Prinzen wollten ein Feuer unter dem Baum entzünden, um die Bienen auszuräuchern, damit sie sich den Honig holen konnten. Doch auch davon wollte Dummling nichts hören. Seine Brüder verspotteten ihn, hörten aber schließlich auch diesmal auf ihn.

Eines Tages gelangten die drei zu einer hohen Burg, von Menschen oder Tieren war nirgends eine Spur zu sehen. Sie überquerten die Zugbrücke und gingen an den Ställen vorbei – alles war wie ausgestorben. Staunend betraten die Prinzen die Burg. Alle Zimmer waren mit Möbeln eingerichtet, als würden dort Leute wohnen, aber weit und breit war keine Menschenseele. Die Prinzen durchquerten einen Raum nach dem anderen, bis sie in einen großen Saal gelangten, in dem ein steinerner Tisch stand. Darauf erkannten sie ungewöhnliche Schriftzeichen. Dummling erkannte sofort, worum es sich handelte.

„Es ist eine Anleitung, wie man das Schloss von seinem Fluch befreien kann!", erklärte er aufgeregt und er las seinen

Die Bienenkönigin

Brüdern laut vor, was sie zu tun hatten, denn
sie konnten nicht so gut lesen wie er.

„Im Wald liegen im Moos eintausend
Perlen verstreut, die einer Prinzessin gehören.
Such sie bis Sonnenuntergang alle zusammen
– doch wenn auch nur eine einzige fehlt,
wirst du in Stein verwandelt. Danach …"

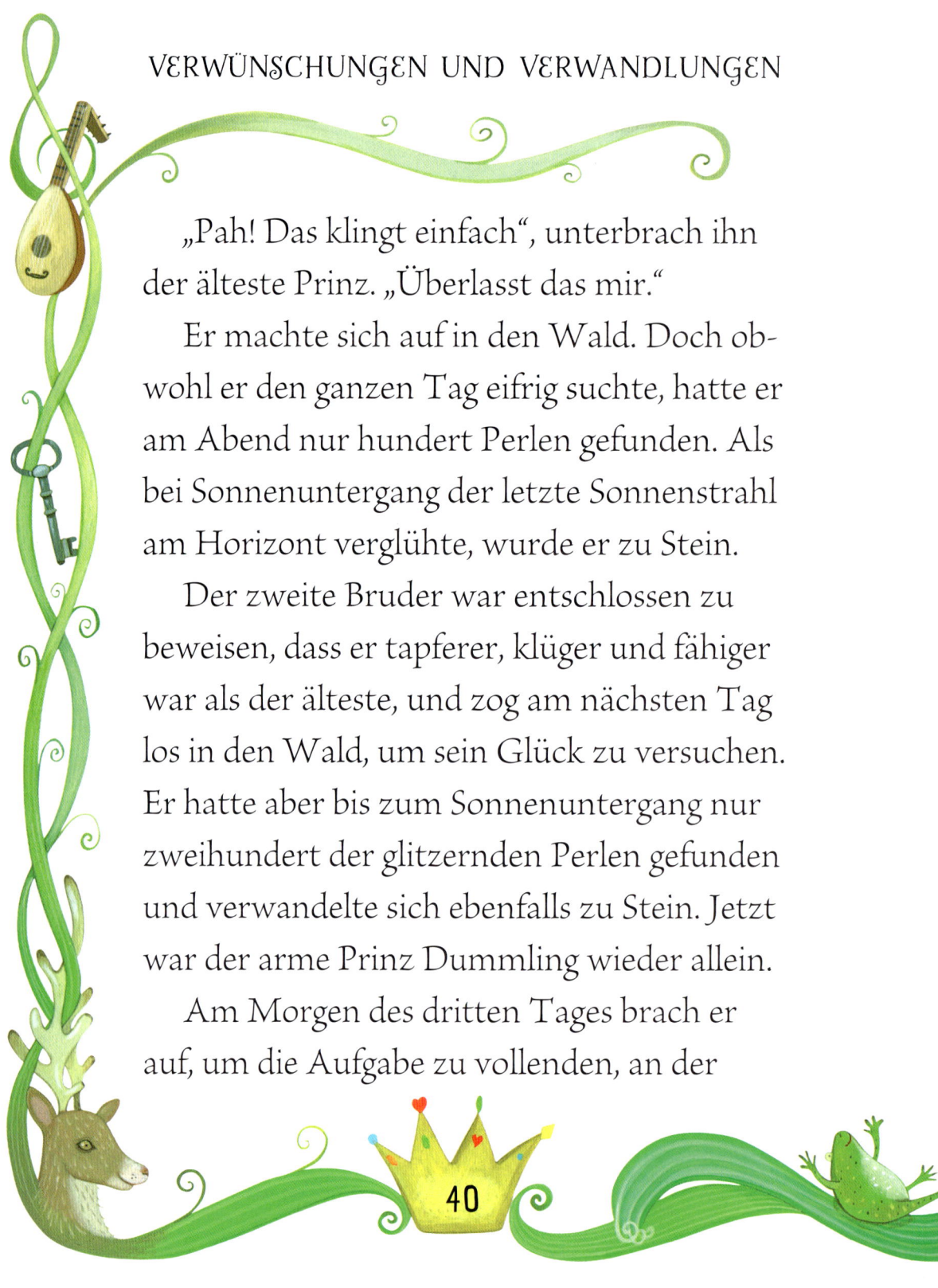

„Pah! Das klingt einfach", unterbrach ihn der älteste Prinz. „Überlasst das mir."

Er machte sich auf in den Wald. Doch obwohl er den ganzen Tag eifrig suchte, hatte er am Abend nur hundert Perlen gefunden. Als bei Sonnenuntergang der letzte Sonnenstrahl am Horizont verglühte, wurde er zu Stein.

Der zweite Bruder war entschlossen zu beweisen, dass er tapferer, klüger und fähiger war als der älteste, und zog am nächsten Tag los in den Wald, um sein Glück zu versuchen. Er hatte aber bis zum Sonnenuntergang nur zweihundert der glitzernden Perlen gefunden und verwandelte sich ebenfalls zu Stein. Jetzt war der arme Prinz Dummling wieder allein.

Am Morgen des dritten Tages brach er auf, um die Aufgabe zu vollenden, an der

40

seine Brüder gescheitert waren, aber er fühlte
sich so elend wegen seiner Brüder, dass er sich
hinsetzte und weinte, nachdem er erst ein
paar Perlen gefunden hatte. Plötzlich hörte er
das Trippeln unzähliger kleiner Füßchen,
denn der König des Ameisenhügels, den
Prinz Dummling gerettet hatte, marschierte
mit fünftausend Ameisensoldaten heran. Es
dauerte gar nicht lange, da hatten die kleinen
Tiere alle restlichen Perlen gefunden und sie
auf einen Haufen gelegt. Prinz Dummling
wurde ein wenig leichter ums Herz. Er bedankte sich herzlich bei den Ameisen und
kehrte zurück, um die weiteren Anweisungen
auf dem Tisch zu lesen:

„Hol den Schlüssel zum Schlafgemach
der Prinzessinnen aus dem Burgteich."

Prinz Dummling ging zum Teich und blickte missmutig auf die riesige Wasserfläche. Er erkannte, dass es Jahre dauern könnte, in den trüben Tiefen den Schlüssel zu finden.

Doch da kamen zwei der Enten angeschwommen, denen er das Leben gerettet hatte. Sie streckten die Schwänzchen in die Höhe und tauchten zum Grund des Teichs hinunter. Und als sie wieder empor-

42

kamen, hatte eine von ihnen den verlorenen Schlüssel im Schnabel! Prinz Dummling war außer sich vor Freude und bedankte sich herzlich bei den Enten. Jetzt brauchte er nur noch der letzten Anweisung zu folgen und er ging zum Tisch, um sie zu lesen:

„Finde die jüngste und schönste der drei schlafenden Prinzessinnen."

Das schien nun wirklich eine unlösbare Aufgabe zu sein! Nachdem Prinz Dummling das Zimmer, in dem die drei Prinzessinnen schliefen, mit dem Schlüssel aus dem Teich geöffnet hatte, fand er sie alle gleich schön. Noch dazu schien jede jünger zu sein als die anderen. Als Dummling schon verzweifeln wollte, kam die Königin des Bienenstocks, den er gerettet hatte, angeschwirrt.

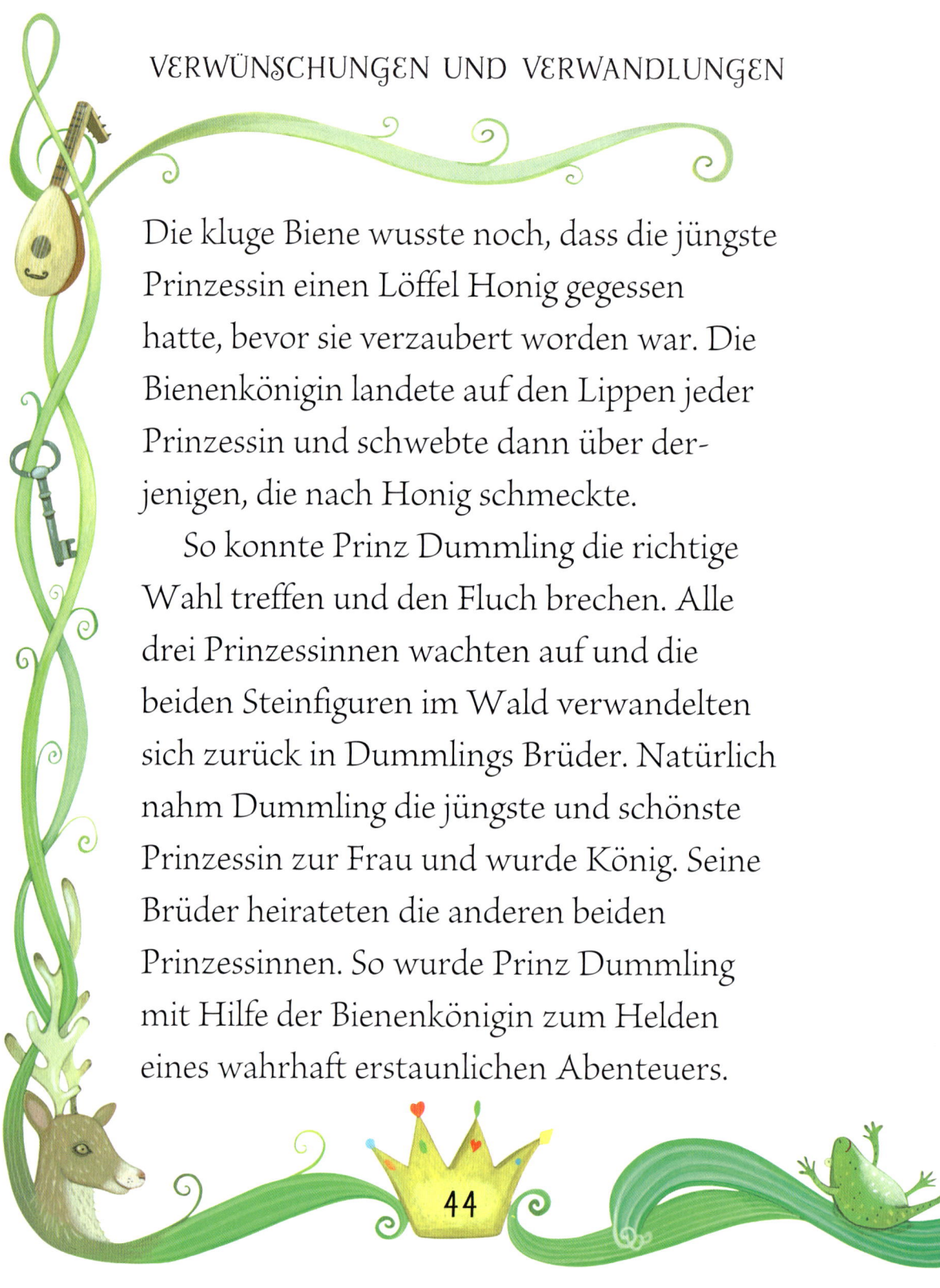

Die kluge Biene wusste noch, dass die jüngste Prinzessin einen Löffel Honig gegessen hatte, bevor sie verzaubert worden war. Die Bienenkönigin landete auf den Lippen jeder Prinzessin und schwebte dann über derjenigen, die nach Honig schmeckte.

So konnte Prinz Dummling die richtige Wahl treffen und den Fluch brechen. Alle drei Prinzessinnen wachten auf und die beiden Steinfiguren im Wald verwandelten sich zurück in Dummlings Brüder. Natürlich nahm Dummling die jüngste und schönste Prinzessin zur Frau und wurde König. Seine Brüder heirateten die anderen beiden Prinzessinnen. So wurde Prinz Dummling mit Hilfe der Bienenkönigin zum Helden eines wahrhaft erstaunlichen Abenteuers.

Der gläserne Sarg

Es war einmal ein junger Mann, der das Schneiderhandwerk lernte. Er hatte sich jedoch schon immer danach gesehnt, Abenteuer zu erleben, deshalb beschloss er eines Tages, auf Reisen zu gehen, um etwas von der Welt zu sehen. Doch schon bald

nachdem er aufgebrochen war, verirrte er sich in einem großen Wald. Noch schlimmer war, dass er plötzlich das Brüllen wilder Tiere hörte.

Plötzlich kamen ein großer, schwarzer Stier und ein schöner Hirsch durch die Bäume auf ihn zugerannt, die Hörner des Stiers und das Geweih des Hirschs waren ineinander verhakt. Der Boden erbebte unter ihren donnernden Hufen und die Luft hallte von ihren Schreien wider.

Lange Zeit sah es so aus, als wären sie gleich stark, doch am Ende konnte der

46

Hirsch sein Geweih befreien und tötete den
Stier. Dann rannte er auf den Schneider zu.
Dieser war sehr erstaunt, als der Hirsch ihn
mit seinem mächtigen Geweih hochhob
und ihn davontrug. Über Berg und Tal,
durch Wälder und über Wiesen rannte
der Hirsch mit dem Schneider, bis dieser
schließlich befürchtete, er könne
sich nicht mehr länger festhalten.
Da blieb der Hirsch vor einer
riesigen Felswand stehen und
setzte ihn behutsam ab. Dann
stieß der Hirsch sein Geweih gegen eine
kleine Pforte, die in den Felsen eingelassen
war, und sie sprang auf. Flammen und Rauch
quollen daraus hervor und eine tiefe Stimme
rief grollend: „Tritt ein!"

Der Schneider nahm seinen ganzen Mut zusammen und sprang durch die Tür. Er fand sich in einem großen Saal wieder, dessen Boden aus polierten, eckigen Steinen bestand. Erneut dröhnte die Stimme: „Stell dich auf den breiten Stein in der Mitte des Saals."

Wieder gehorchte der junge Mann. Er stellte sich auf den Stein, der langsam mit ihm im Boden versank und ihn nach unten in die Erde trug. Als der Stein schließlich anhielt, sah sich der Schneider um. Er befand sich in einem weiteren Saal, der dem ersten allerdings sehr ähnelte. In diesem Saal waren jedoch zahlreiche Nischen in die Wände gehauen. In jeder von ihnen stand ein Glasgefäß, das mit blauem Rauch gefüllt war. In der Mitte des Saals standen zwei große

Glaskisten und der Schneider ging hinüber, um sie sich anzusehen. In einer befand sich das Modell eines winzigen Schlosses, das von einem Miniaturdorf umgeben war. Er bestaunte die winzigen Häuser und Bauernhöfe, die alle perfekt waren bis ins Detail.

Dann blickte er in die zweite Glaskiste. In ihr lag die schönste junge Frau, die der Schneider je zu Gesicht bekommen hatte. Sie schien tief zu schlafen. Doch während er sie noch anstarrte, schlug sie plötzlich die Augen auf und sah ihn geradewegs an!

„Gott sei Dank!", rief die schöne Frau. „Endlich ist jemand da! Bitte, beeil dich und hilf mir aus diesem Gefängnis heraus. Du brauchst nur den Riegel dieses Glassargs zurückzuschieben, dann bin ich frei."

Der junge Schneider befreite sie eilig.

„Oh, vielen Dank!", rief die schöne Frau. Sie setzte sich auf und stieg aus der Glaskiste. Zur Freude des Schneiders schloss sie ihn in die Arme und gab ihm einen Kuss.

„Der Himmel muss dich hierhergeführt haben, um mir zu helfen. Bitte bleib für immer bei mir! Ich bin die Tochter eines reichen Edelmanns", erklärte sie. „Meine Eltern sind gestorben, als ich noch klein war, und mein älterer Bruder und ich lebten weiterhin in unserem Schloss und sorgten füreinander. Wir waren glücklich inmitten der freundlichen Dorfbewohner. Dann kam eines Abends ein Fremder in unser Schloss und hielt um meine Hand an. Ich lehnte ihn ab, woraufhin er sehr zornig wurde. Er mur-

melte einen Fluch und ich fiel ohnmächtig zu
Boden. Als ich wieder zu mir
kam, fand ich
mich hier in der
Höhle in die-
sem gläsernen
Sarg wieder.

Der Fremde, der ein böser Zauberer ist,
erschien wieder und sagte, er habe meinen
Bruder in einen Hirsch verwandelt und unser

Schloss und das Dorf zu einem winzigen Modell geschrumpft und in dem anderen Glaskasten verstaut. Mein Volk sei durch ihn in Rauch verwandelt und in Glasflaschen gefangen worden. Der Zauberer sagte, er würde mir noch eine einzige Chance geben. Nähme ich ihn zum Ehemann, würde er alles wieder zurückverwandeln – er bräuchte nur alles aus dem Glas zu holen und schon wäre der Zauber gebrochen. Aber ich konnte einem so schrecklichen Ungeheuer nicht mein Jawort geben! Da verschwand er und ließ mich hier in meinem Gefängnis zurück. Ich fiel in einen tiefen, verzauberten Schlaf. Aber am Ende bist du gekommen und hast mich befreit! Bitte hilf mir jetzt, die Glaskiste mit dem Schloss auf diesen breiten Stein zu heben."

Der junge Schneider tat sofort, worum er gebeten worden war, und auf der Stelle stieg der Stein höher und höher. Schließlich waren sie wieder im oberen Saal und konnten den Kasten hinaus ins Freie tragen. Hier öffnete die junge Frau den Deckel. Es war erstaunlich zu sehen, wie das Schloss, die Häuser und die Bauernhöfe rasch größer wurden, bis sie wieder ihre normale Größe hatten und an ihren angestammten Platz zurückgekehrt waren.

Die junge Frau und der Schneider gingen noch einmal in den unteren Saal und holten die Glasflaschen. Schnell öffnete die Frau eine nach der anderen. Der blaue Rauch quoll heraus und verwandelte sich in lebendige Männer, Frauen und Kinder. Während sie sich gegenseitig umarmten, trat ein schöner junger Mann aus dem Wald. Die junge Dame atmete erleichtert auf und Freudentränen traten ihr in die Augen. Es war ihr Bruder! Die beiden rannten aufeinander zu und der Bruder erzählte: „Der böse Zauberer ist tot. Er hatte sich in einen Stier verwandelt, ich habe ihn bekämpft und besiegt. Und dann habe ich den jungen Schneider hergebracht, weil ich hoffte, dass er dich befreien würde."

Da der Schneider dies tatsächlich geschafft hatte, war auch der Bruder von seinem Zauberfluch befreit worden. Nun war die Freude aller vollkommen. Noch am selben Tag heiratete das Edelfräulein den Schneider und sie lebten bis ans Ende ihrer Tage zusammen mit dem Bruder auf dem Schloss.

Der süße Brei

Es lebten einmal ein Mädchen und seine Mutter, die waren so arm, dass sie eines Tages nichts mehr zu essen hatten. Weinend vor Hunger ging das Mädchen in den Wald, um sich auf die Suche nach ein paar Beeren oder Nüssen zu machen. Als es

noch auf der Suche war, humpelte ihm im Wald jemand entgegen. Es war eine alte Frau, die einen kleinen Kochtopf bei sich hatte.

„Weine nicht länger, mein Kind", sagte die alte Frau freundlich. „Nimm diesen kleinen Topf und geh zurück nach Hause. Wann immer du ‚Töpfchen koch!' sagst, wird der Topf köstlichen Brei kochen."

Das kleine Mädchen traute seinen Augen nicht, denn kaum hatte die Frau die Worte gesagt, brodelte Haferbrei in dem Topf.

„Wenn du ‚Töpfchen steh!' sagst", fuhr die alte Frau fort, „wird er aufhören zu kochen."

Der Topf hörte tatsächlich in diesem Moment auf zu kochen. Er war bis zum Rand gefüllt mit dickem, sahnigem Haferbrei, der nur darauf wartete, gegessen zu werden.

Das Mädchen dankte der alten Frau von ganzem Herzen und eilte mit dem Zaubertopf nach Hause, um ihn seiner Mutter zu zeigen. Von da an aßen die beiden immer, wenn ihnen danach war, Haferbrei und sie mussten nie wieder Hunger leiden.

Eines Tages war das kleine Mädchen ausgegangen. Die Mutter verspürte Hunger und sagte: „Töpfchen koch!" Auf der Stelle brodelte der Haferbrei im Topf bis zum Rand hinauf. Doch aus irgendwelchen Gründen konnte sich die Mutter nicht mehr an die genauen Worte erinnern, mit denen der Topf zum Aufhören gebracht werden konnte.

„Halt ein, Töpfchen!", befahl sie. Doch der Zaubertopf kochte weiter. „Hör auf, kleiner Topf! … Töpfchen, hör auf! Genug, kleiner

Topf! Kleiner Topf, genug!" Doch das Töpfchen kochte weiter und weiter und weiter. Der Haferbrei floss über den Topfrand, bis der ganze Küchenboden bedeckt war. Es blubberte ohne Unterlass und bald ergoss sich der Haferbrei auf die Straße. Dann floss die klebrige Masse ins nächste Haus und ins übernächste und in das daneben und ständig quoll neuer Brei aus dem Topf. Alle wateten in Haferbrei und die Verzweiflung war groß, weil niemand wusste, wie man dem Topf Einhalt gebieten konnte. Als der Haferbrei gerade das letzte Haus im Dorf überfluten wollte, kam das kleine Mädchen nach Hause.

„Töpfchen steh!", befahl es – und das Töpfchen hörte sofort auf zu kochen. Dann mussten alle helfen, das Dorf sauberzuessen!

Das
Eselein

Es waren einmal ein König und eine Königin, die in großem Reichtum lebten und alles hatten, was sie wollten – außer einem Kind. Endlich ging ihr Wunsch in Erfüllung und die Königin gebar einen Sohn. Doch als sie das Kind betrachtete, sah sie,

Das Eselein

dass es ein kleiner Esel war! Die Königin war schrecklich bestürzt, doch der König sagte tapfer: „Gott hat ihn uns gesandt. Er ist mein Sohn und mein Thronerbe. Ich befehle, dass niemand ihn anders behandelt als einen normalen Prinzen."

So wuchs das Eselein wie jedes andere Königskind heran. Der König ordnete an, dass alle Spiegel im Palast entfernt wurden, damit der kleine Esel nicht merkte, dass er anders war. Er wuchs glücklich auf und hatte ein freundliches Wesen. Er war froh, wenn er spielen oder Menschen helfen konnte, und er liebte die Musik, vor allem die Laute. Er lernte fleißig und als er heranwuchs, konnte er das Instrument mit seinen Hufen genauso gut spielen wie die besten Lautenspieler.

Eines Tages ging der inzwischen erwachsene Prinz allein spazieren und blickte zufällig in einen Brunnen, der mit glasklarem Wasser gefüllt war. Zum ersten Mal sah er sein eigenes Spiegelbild und er war erschrocken und entsetzt. Jetzt, wo ihm klar war, dass er in Eselsgestalt durch die Welt ging, wusste er nicht, wie er seiner Familie und seinen Freunden gegenübertreten sollte, deshalb rannte er davon. Er wanderte durch weit

Das Eselein

entfernte Gegenden, bis er schließlich in ein Königreich gelangte, von dem er gehört hatte, dass dort ein alter König regierte, der eine wunderschöne Tochter hatte. Der Esel hätte diese Prinzessin zu gern einmal gesehen. Deshalb trottete er zum Königsschloss hinauf, setzte sich vor das Tor und fing an, auf seiner Laute eine wunderbare Melodie zu spielen.

Der König saß gerade mit seinem Hofstaat beim Abendessen im großen Saal und als man ihm sagte, dass draußen vor dem Tor ein Esel saß und meisterhaft Laute spielte, wurde er von großer Neugier gepackt. Er befahl, den Esel sofort hereinzubringen. Im Saal gab man ihm den Platz direkt neben dem König und er aß mit dem Hofstaat zu Abend. Der König selbst sorgte dafür, dass

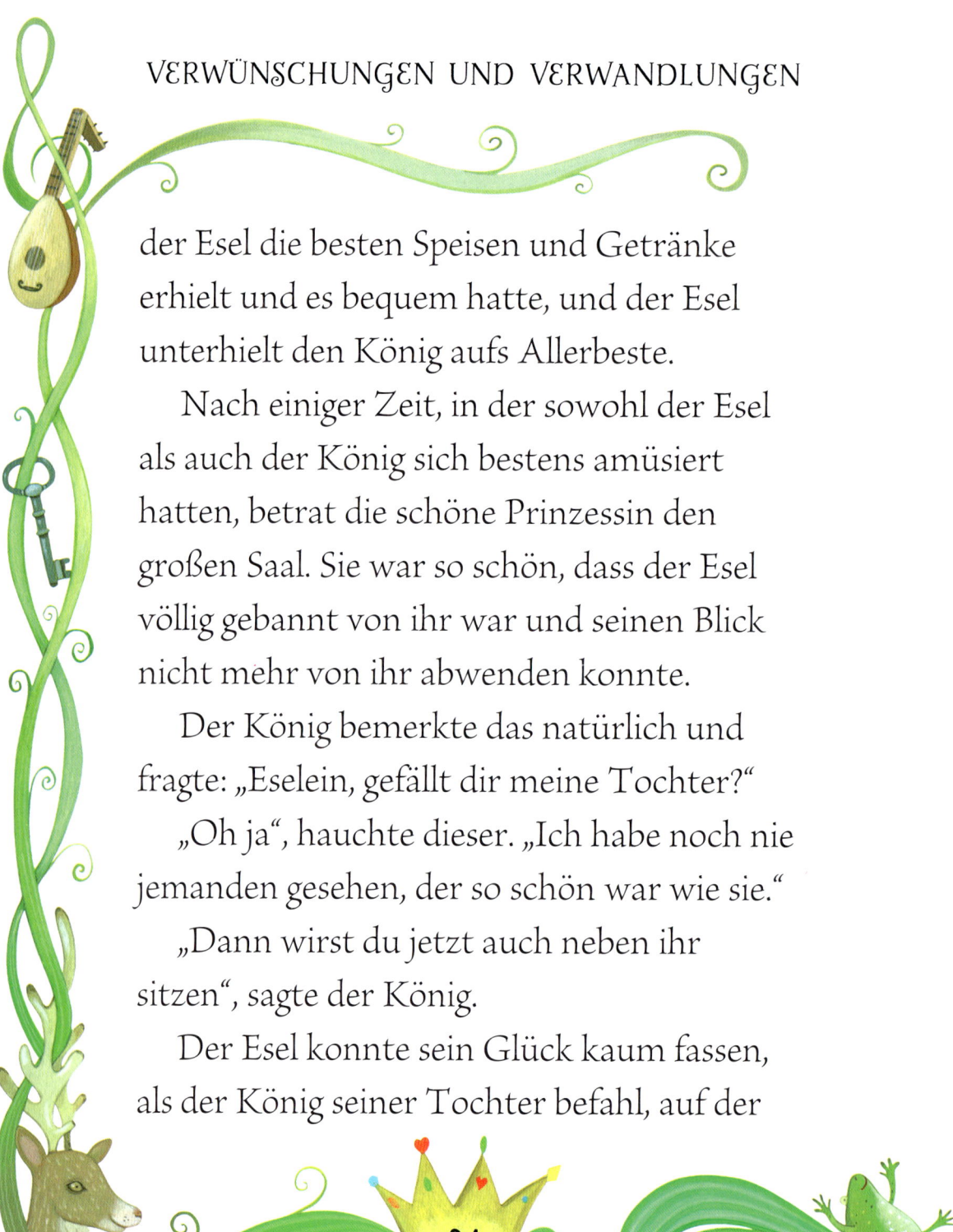

der Esel die besten Speisen und Getränke erhielt und es bequem hatte, und der Esel unterhielt den König aufs Allerbeste.

Nach einiger Zeit, in der sowohl der Esel als auch der König sich bestens amüsiert hatten, betrat die schöne Prinzessin den großen Saal. Sie war so schön, dass der Esel völlig gebannt von ihr war und seinen Blick nicht mehr von ihr abwenden konnte.

Der König bemerkte das natürlich und fragte: „Eselein, gefällt dir meine Tochter?"

„Oh ja", hauchte dieser. „Ich habe noch nie jemanden gesehen, der so schön war wie sie."

„Dann wirst du jetzt auch neben ihr sitzen", sagte der König.

Der Esel konnte sein Glück kaum fassen, als der König seiner Tochter befahl, auf der

anderen Seite des Esels Platz zu nehmen.
Der Eselprinz zeigte, dass seine
Manieren vollkommen waren. Er
reichte der Prinzessin Speisen und
Getränke und verzauberte sie
mit einem artigen Gespräch.
Er war die Güte selbst und
nichts war ihm zu an-
strengend. Am Ende
des Festmahls mochte
der König den Esel
sehr gern und lud
ihn ein, im Schloss
zu bleiben, so lange
er wollte.
Einen Monat
später waren der König

und der Esel die besten Freunde und sechs Monate später bot der König dem Esel die Hand seiner Tochter an. Der Esel nahm das Angebot mit Freuden an, denn er hatte sich Hals über Kopf in die Prinzessin verliebt. Die Prinzessin aber war besorgt. Sie hatte den Esel zwar sehr lieb, doch immerhin war er ein Tier. Wer wollte ein Wesen zum Mann haben, das üblicherweise im Stall lebte?

Dennoch wurde eine prachtvolle Hochzeit mit einem herrlichen Festmahl gefeiert. Der Esel war überglücklich. Als Schlafenszeit war, vergewisserte er sich, dass er mit der Prinzessin allein war, und verschloss die Tür des Schlafgemachs. Dann warf er mit einem Mal seine Eselshaut ab und stand als schöner Prinz vor der Prinzessin.

Das Eselein

„So bin ich in meinem Inneren", sagte er zu ihr. „Dies ist mir noch nie zuvor gelungen, deshalb hat mich noch niemals jemand so gesehen."

Die Prinzessin war außer sich vor Freude. Sie umarmte ihren schönen Prinzen, küsste ihn und hatte ihn sehr lieb. Als der Morgen dämmerte, stand der Prinz früh auf und legte wieder seine Eselshaut an. Dann gingen er und die Prinzessin zum Frühstück.

„Wie geht es dir, meine liebe Tochter?", flüsterte der alte König besorgt. „Bist du sehr traurig?"

„Oh nein, Vater", erwiderte die Prinzessin. „Ich liebe meinen Mann, als wäre er der schönste auf der ganzen Welt, und das werde ich tun, solange ich lebe."

Der König war erfreut, aber er wunderte sich. Er war sogar so erstaunt, dass er vermutete, die Dinge wären nicht ganz so, wie sie schienen. In der folgenden Nacht wartete er, bis das Paar eingeschlafen war, dann öffnete er leise die Tür des Schlafgemachs und spähte hinein. Er staunte nicht wenig, als er einen schönen Prinzen im Bett und die Eselshaut auf dem Boden liegen sah. Leise nahm der König die Haut und verbrannte sie. Dann kehrte er zu dem Schlafgemach zurück, wartete vor der Tür und lauschte.

Am Morgen wollte der Prinz seine Eselshaut anziehen, aber er konnte sie nirgends finden. Er war außer sich vor Entsetzen.

„Was werden die Leute sagen?", klagte er. „Sie werden nicht glauben, dass ich es bin!"

Das Eselein

Doch in diesem Augenblick kam der König hereingestürzt und sagte: „Mach dir keine Sorgen, mein Sohn. Ich weiß, dass du der Esel bist – und du wirst von mir geliebt, egal ob du die Gestalt eines Tieres hast oder die eines schönen Prinzen. Bleib für immer hier. Ich gebe dir die Hälfte meines Königreichs und wenn ich gestorben bin, wirst du über das ganze regieren."

Da war der Prinz hocherfreut. Er besuchte mit der Prinzessin auch seine eigene Familie, die überglücklich war, ihn nach so langer Zeit wiederzusehen – und es war ihnen egal, ob als Esel oder als Mensch.

Als die Zeit gekommen war, herrschte das glückliche Paar schließlich nicht nur über ein Königreich, sondern über zwei.

Das
Waldhaus

Ein armer Holzfäller lebte mit seiner Frau und seinen drei Töchtern in einer kleinen Hütte am Waldrand. Eines Morgens, als er zur Arbeit gehen wollte, sagte er zu seiner Frau: „Ich komme heute zum Mittagessen nicht nach Hause, sonst werde ich mit meiner Arbeit nie fertig werden. Sag unserer

Das Waldhaus

ältesten Tochter, sie soll mir das Essen in den
Wald bringen. Damit sie sich nicht verirrt,
werde ich Hirsesamen auf den Weg streuen."

Als die Sonne hoch am Himmel stand,
machte sich das Mädchen auf den Weg. Die
Vögel hatten jedoch die Hirsesamen aufgepickt, so dass es sich verlief. Tapfer ging es
weiter, bis die Nacht hereinbrach. Die Bäume
rauschten in der Dunkelheit, die Eulen riefen
und das Mädchen fürchtete sich. Da sah es
in der Ferne ein Licht schimmern und ging
darauf zu. Es kam an ein kleines Haus und
klopfte an die Tür.

Eine krächzende Stimme rief: „Herein."

Als das Mädchen die Tür öffnete, sah es
einen grauhaarigen alten Mann mit einem
langen, weißen Bart am Tisch sitzen. Neben

dem Herd lagen drei Tiere: ein Hühnchen, ein Hähnchen und eine gescheckte Kuh. Das Mädchen bat um ein Nachtlager und der Mann sagte: „Schön Hühnchen, schön Hähnchen, und du, schöne bunte Kuh, was sagst du dazu?"

„Uns ist es recht", antworteten die Tiere.

Der alte Mann sagte: „Du kannst bei uns bleiben und mit uns zu Abend essen, aber zuerst musst du die Mahlzeit selbst kochen."

Das Waldhaus

Das Mädchen war froh und bereitete ein köstliches Abendessen zu, doch an die Tiere dachte es nicht. Es trug zwei Teller zum Tisch, setzte sich zu dem alten Mann und aß. Dann fragte es: „Habt ihr ein Bett für mich?"

Doch die Tiere antworteten: „Du hast nicht an uns gedacht, nun sieh zu, wo du bleibst die Nacht."

Der alte Mann sagte: „Geh nach oben, dort findest du ein Zimmer mit einem Bett."

Das Mädchen ging nach oben und legte sich ins Bett. Nach einer Weile kam jedoch der alte Mann herauf, sah zu dem Mädchen herab und schüttelte traurig den Kopf. Dann öffnete er eine Falltür und das Mädchen rutschte einen langen, dunklen Schacht hinunter, bis es im kalten Keller landete.

Spät am Abend kam der Holzfäller nach Hause und schimpfte mit seiner Frau, weil sie ihn den ganzen Tag hatte hungern lassen.

„Dafür kann ich nichts", erwiderte sie, „unsere Tochter muss sich wohl verlaufen haben! Wir können nur hoffen, dass sie morgen zu uns zurückfindet."

Am nächsten Tag bat der Holzfäller seine zweite Tochter, ihm das Essen zu bringen.

„Ich werde Linsen auf den Weg streuen", sagte er, „die sind größer als Hirse. Du wirst sie besser sehen und dich nicht verlaufen."

Zur Mittagszeit machte sich die zweite Tochter mit dem Essen auf den Weg, aber die Vögel hatten schon alle Linsen aufgepickt. Auch sie irrte umher, bis es Nacht wurde, und gelangte dann zu dem Haus des grauhaarigen alten Mannes. Sie wurde hereingelassen und bat um Essen und ein Nachtlager. Alles geschah genauso wie am Tag zuvor. Das Mädchen kochte ein gutes Essen, aß und trank mit dem alten Mann, dachte jedoch keinen Augenblick an die Tiere. Als es eingeschlafen war, kam auch zu ihm der alte Mann, blickte auf es herab, schüttelte den Kopf und ließ es in den Keller sausen.

Am dritten Tag sagte der Holzfäller zu seiner Frau: „Schick heute unsere jüngste Tochter mit dem Mittagessen. Ich werde Erbsen auf den Weg streuen. Sie sind noch größer als Linsen, die kann man wirklich nicht übersehen."

Doch als sich das Mädchen auf den Weg machte, hatten die Vögel auch die Erbsen aufgepickt. Es wanderte umher, bis es dunkel wurde, da sah es das Licht und gelangte zu der Hütte. Das Mädchen bat darum, die Nacht dort verbringen zu dürfen, und der grauhaarige Mann fragte wieder seine Tiere.

„Uns ist es recht", sagten sie.

Da streichelte das Mädchen über die glatten Federn des Hühnchens und des Hähnchens und tätschelte die bunte Kuh zwischen den Hörnern. Es bereitete für den alten Mann und sich selbst etwas Suppe zu. Als es fertig war, streute es dem Hühnchen und dem Hähnchen Gerste hin und gab der bunten Kuh einen Arm voll duftendes Heu. Danach brachte es den Tieren einen Eimer Wasser zum Trinken. Erst dann setzte sich das Mädchen hin und fing an zu essen.

Das Waldhaus

Nach dem Essen sagten die Tiere: „Du hast uns alle gut bedacht, wir wünschen dir eine gute Nacht."

Das Mädchen ging nach oben, fand das Bett und schlief bald tief und fest. Um Mitternacht aber gab es einen solchen Lärm, dass das Mädchen aus dem Schlaf aufschreckte. Die Balken ächzten, die Treppe knarrte und dann krachte es, als würde das Dach einstürzen. Schließlich wurde es ganz still. Da dem Mädchen nichts geschehen war, blieb es ruhig liegen und schlief wieder ein.

Als es am Morgen erwachte, glaubte es zu träumen: Es befand sich in einem Raum, wie es ihn nur in einem Palast gab! Das Mädchen stand auf, um für den alten Mann Frühstück zu machen und die Tiere zu füttern.

Es ging die Treppe hinunter,
fand dort aber nicht den alten Mann, sondern einen jungen, schönen Fremden vor. Er
sagte: „Ich bin ein Prinz. Eine Hexe hat mich
in einen alten Mann und meine drei Diener

in ein Hühnchen, ein Hähnchen und eine Kuh verwandelt. Der Fluch konnte nur von einem Mädchen wie dir gebrochen werden, dessen Herz von Liebe zu allen Lebewesen erfüllt ist. Um Mitternacht wurden wir alle erlöst und die Hütte verwandelte sich wieder in meinen Palast. Deine Schwestern wurden auch erlöst. Sie werden bei deinen Eltern wohnen, bis sie gelernt haben, sich um alle Lebewesen zu kümmern. Dich aber bitte ich, für immer als meine Frau bei mir zu bleiben."

Als das Mädchen in das gütige Gesicht des Prinzen sah, verliebte es sich augenblicklich in ihn und sagte ja. So heirateten die beiden und lebten glücklich im Palast des Prinzen. Wann immer das Mädchen wollte, besuchte es seine Familie.

Das singende, springende Löweneckerchen

Es war einmal ein Mann, der wollte eine große Reise unternehmen. Beim Abschied fragte er seine drei Töchter, was er ihnen als Geschenk mitbringen sollte. Die älteste wünschte sich Perlen und die zweite

wünschte sich Diamanten. Die dritte aber sprach: „Lieber Vater, ich wünsche mir ein singendes, springendes Löweneckerchen."

Er küsste sie alle drei und machte sich auf den Weg. Als es Zeit wurde heimzukehren, wurde er jedoch sehr traurig. Er hatte Perlen und Diamanten dabei, aber ein singendes, springendes Löweneckerchen hatte er nicht finden können. Auf dem Heimweg ritt er durch einen Wald und entdeckte oben auf einem Baum plötzlich ein singendes, springendes Löweneckerchen. Erfreut machte er sich daran, es zu fangen. Da sprang ein Löwe aus dem Unterholz hervor und brüllte: „Wer mein singendes, springendes Löweneckerchen stehlen will, den fresse ich auf!"

„Vergib mir", bat der zitternde Mann.

Der Löwe sagte: „Ich lasse dich am Leben, wenn du schwörst, dass du mir das Erste schenkst, was dir begegnet, wenn du nach Hause kommst. Wenn du mir das versprichst, werde ich dir dafür mein Löweneckerchen geben."

Der Mann hatte große Sorge, aber er hatte keine Wahl und gab dem Löwen das verlangte Versprechen. Als er zu Hause ankam, sah er mit Entsetzen, dass ihm seine jüngste Tochter entgegengerannt kam. Sie umarmte

ihn – und als sie dann noch sah, dass er ein singendes, springendes Löweneckerchen bei sich hatte, war sie außer sich vor Freude. Der Vater jedoch begann zu weinen und erzählte von seinem schrecklichen Versprechen.

Glücklicherweise war seine Tochter aber nicht nur schön, sondern auch tapfer, deshalb brach sie am nächsten Morgen auf, um zu dem Löwen zu gehen. Sie wusste nicht, dass der Löwe eigentlich gar kein Löwe war, sondern ein verzauberter Prinz! Nur tagsüber hatte er die Gestalt eines Löwen, nachts nahm er seine menschliche Gestalt an.

Der Löwe begrüßte die junge Frau herzlich und voller Freundlichkeit und sie schloss ihn sogleich in ihr Herz. Als die Nacht hereinbrach, verwandelte sich der Löwe in einen

schönen Prinzen und die junge Frau verliebte
sich unsterblich in ihn. Schon bald heirateten
sie und lebten glücklich beisammen, wobei sie
des Nachts wach blieben und am Tage schliefen. Das Einzige, was die junge Frau noch
immer seltsam fand, war die Tatsache, dass
es keine Kerzen im Schloss gab, sondern nur
brennende Fackeln.

Eines Nachts sagte der Löwenprinz zu
seiner Frau: „Morgen heiratet deine älteste
Schwester. Würdest du gerne hingehen?"

„Oh ja", erwiderte sie mit leuchtenden
Augen. „Das würde ich sehr gern – und du
musst auch mitkommen."

Traurig erklärte der Löwe, dass es für ihn
zu gefährlich wäre – zu seiner Verzauberung
gehöre nämlich auch, dass er für sieben Jahre

in eine Taube verwandelt würde, sollte das Licht einer Kerze auf ihn fallen.

„Ach, komm doch mit", bettelte sie. „Ich werde dafür sorgen, dass kein Kerzenschein auf dich fällt."

Als die junge Frau zum Haus ihres Vaters gelangte, herrschte großer Jubel, denn alle hatten geglaubt, sie wäre von dem Löwen in Stücke gerissen worden. Sie erklärte ihnen, wie schön ihr Ehemann tatsächlich war und wie glücklich sie zusammen lebten, und so wurde auch der Löwe freundlich empfangen.

Als am Abend der Hochzeitsfeier die Dunkelheit hereinbrach und die Kerzen für das Festmahl angezündet werden sollten, brachte die junge Frau ihren Mann in eine Kammer aus Steinen, die so dick waren, dass

kein Lichtstrahl hindurchdringen konnte.
Sie merkten jedoch beide nicht, dass in der
hölzernen Tür ein winziger Spalt war. Sobald
die erste Kerze angezündet wurde, drang ein
kaum erkennbarer Strahl Kerzenlicht hinein
und fiel auf den Prinzen. Als das Festmahl
beendet war und alle Kerzen gelöscht waren,
ging die junge Frau im Schein einer Fackel zu
ihrem Mann. Zu ihrem Entsetzen fand sie in
der Kammer eine weiße Taube vor.

„Ach, nun muss ich sieben Jahre lang
durch die Welt fliegen!", sprach die Taube
und flog zur Tür hinaus.

Die junge Frau beschloss, der Taube zu
folgen. Jahrelang war sie auf Wanderschaft,
ließ dabei den Vogel nie aus den Augen und
hatte nur selten Zeit, sich länger auszuruhen.

Ausgerechnet am allerletzten Tag der sieben
Jahre flog die Taube so hoch und so schnell,
dass die junge Frau sie aus den Augen verlor!

„Hast du eine weiße Taube gesehen?", rief
sie verzweifelt der Sonne zu.

Die Sonne, welche die ganze Geschichte
kannte, erwiderte: „Die weiße Taube ist zum
Roten Meer geflogen. Dort hat sie sich wieder
in einen Löwen verwandelt, denn die sieben
Jahre sind vorüber. Der Löwe kämpft dort
gegen einen Drachen, der eigentlich eine ver-
zauberte Prinzessin ist. Geh sie suchen und
zähle die Schilfrohre, die am Strand wachsen.
Schneide das elfte Rohr ab und schlage den
Drachen damit. Dann wird der Löwe den
Kampf gewinnen und sowohl er als auch der
Drache werden ihre menschliche Gestalt

wieder annehmen. Dann springst du mit deinem Mann auf den Vogel Greif, der in der Nähe wartet, und er wird euch über das Meer zurück nach Hause bringen."

Die Sonne gab ihr ein Kästchen mit. „Öffne es, wenn du in Not bist", sagte sie.

Die junge Frau ging zum Roten Meer. Sie zählte die Schilfrohre, schnitt das elfte ab und schlug damit den Drachen. Sofort wurde er schwächer, so dass der Löwe ihn besiegen konnte. Sogleich verwandelten sich die beiden Bestien wieder in den Prinzen und die Prinzessin zurück, die sie gewesen waren. Doch bevor die tapfere junge Frau zu ihrem Mann laufen konnte, sprang die böse Prinzessin auf den Vogel Greif, packte den Prinzen am Arm und flog mit ihm davon!

Mit gebrochenem Herzen wanderte die junge Frau viele Monate über lange, steinige Wege, bis sie zu dem Schloss gelangte, in dem die böse Prinzessin lebte. Dort öffnete sie das Kästchen, das die Sonne ihr gegeben hatte. Darin lag ein Kleid, das wie Sonnenstrahlen funkelte. Sie zog es an und klopfte an das Tor. Als die Leute sie sahen, starrten sie die junge Frau erstaunt an, selbst die böse Prinzessin konnte die Augen nicht von ihr wenden.

„Ich heirate bald", sagte sie zu ihr, „und ich brauche genau dieses Kleid für meine Hochzeit. Was willst du dafür haben?"

Die junge Frau sagte kühn: „Für Geld ist es nicht zu haben. Ich gebe es dir nur, wenn ich eine Nacht in dem Zimmer verbringen darf, in dem dein künftiger Mann schläft."

Die böse Prinzessin begehrte das herrliche Kleid so sehr, dass sie zustimmte. Am Abend wurde die junge Frau in ein Zimmer geführt, in dem ihr Mann in einem tiefen, verzauberten Schlummer lag.

„Ich bin dir sieben Jahre lang gefolgt", flüsterte sie ihm zu. „Ich habe die Sonne gefragt, wo du bist. Ich habe dir geholfen, einen Drachen zu besiegen. Bitte, wach auf und sag mir, dass du mich nicht vergessen hast …"

Ihre Stimme drang in seine verzauberten Träume und der Prinz erwachte.

„Jetzt bin ich wirklich erlöst!", rief er und umarmte und küsste seine tapfere Frau. Sie schlichen sich aus dem Schloss, fanden den Vogel Greif und flogen nach Hause, wo sie von nun an glücklich bis an ihr Ende lebten.

91

Die Kristall- kugel

Es war einmal eine Zauberin, die hatte drei Söhne, die sich brüderlich liebten. Die Alte traute ihnen jedoch nicht und glaubte, sie wollten ihr ihre Zauberkraft rauben. Deshalb verwandelte sie den ältesten Sohn in einen Adler, der davonfliegen und in den Bergen hausen musste. Den mittleren Sohn verzauberte sie in einen Wal, der im Meer leben musste. Dem jüngsten Sohn gelang es wegzulaufen, bevor seine böse Mutter auch ihn in ein Tier verwandeln konnte.

Zuerst wusste er nicht, was er ohne seine geliebten Brüder machen sollte. Doch dann beschloss er, die Tochter eines Königs zu retten, die verwunschen war und im Schloss der Goldenen Sonne gefangen gehalten wurde. Bei dem Versuch, sie zu befreien, hatten schon viele Männer ihr Leben verloren. Doch der jüngste Sohn war tapfer und entschlossen, sein Bestes zu geben.

Lange Zeit wanderte er umher und suchte das Schloss, aber er konnte es nicht finden. Eines Tages kam er durch einen Wald, wo er

zwei Riesen begegnete, die sich stritten. Einer davon hatte einen Hut in der Hand.

„Wir wollen beide den Hut haben", erklärte der eine Riese dem jungen Mann. „Aber wir können uns nicht entscheiden, wem er von Rechts wegen gehört!"

„Warum streitet ihr euch so erbittert um einen einfachen Hut?", fragte der Mann.

„Das ist kein gewöhnlicher Hut", antwortete ihm der zweite Riese. „Es ist ein Wunschhut. Wer ihn aufsetzt, kann sich an jeden beliebigen Ort wünschen und ist dann auf der Stelle dort."

Da sagte der junge Mann: „Gebt mir den Hut. Ich werde ein Stück gehen und wenn ich euch rufe, lauft ihr um die Wette. Wer als Erster bei mir ist, soll den Hut haben."

Die Riesen hielten das für eine großartige Idee und gaben dem Mann den Wunschhut. Der setzte den Hut auf, dachte an das Schloss der Goldenen Sonne und schon stand er vor dem Schlosstor. Er trat ein und erklomm die Spitze des höchsten Turms, wo er die Königstochter fand. Aber wie erschrak er, als er sie erblickte! Sie hatte ein faltiges, graues Gesicht, rote Augen und strähniges Haar.

„Bist du die Königstochter, von der alle sagen, dass sie so schön ist?", fragte er höflich

und versuchte, sich seine Überraschung nicht anmerken zu lassen.

„Ja", antwortete sie, „aber ich sehe in Wirklichkeit nicht so aus. Ich wurde verwünscht, um allen, die mich ansehen, hässlich zu erscheinen."

Sie hielt einen Spiegel hoch. Darin sah der junge Mann sein eigenes Spiegelbild und das Spiegelbild der Prinzessin neben ihm zeigte die schönste junge Frau der Welt.

„So sehe ich in Wahrheit aus", erklärte sie, während ihr Tränen über die Wangen liefen.

„Wie kann ich den Fluch brechen und dich erlösen?", fragte der Mann.

Die Prinzessin sagte: „Geh den Berg hinab. Unten am Bach findest du einen wilden Stier, gegen den musst du kämpfen. Viele Männer

Die Kristallkugel

haben dabei schon ihr Leben verloren. Wenn du den Stier töten kannst, wird sich aus seinem Körper ein Feuervogel erheben. Der Vogel trägt in seinem Leib ein seltsames Ei. In diesem Ei ist eine Kristallkugel, in der die Zaubermacht desjenigen steckt, der mich verwünscht hat. Wenn du den Feuervogel fangen und die Kristallkugel holen kannst, bring sie zu dem Zauberer im großen Saal dieses Schlosses. Seine Macht wird so zerstört werden. Solltest du den Vogel berühren, wird er dich verbrennen. Fällt das Ei auf den Boden, geht es in Flammen auf und verbrennt alles um sich herum, auch die Kristallkugel."

Da ging der junge Mann den Berg hinab zum Bach. Dort wartete bereits der Stier auf ihn. Er stürzte sich auf den jungen Mann,

doch
der schwang sich
über die Hörner
auf den Rücken des Tiers
und stieß ihm sein Schwert
in den Nacken, so dass es tot
zu Boden fiel. Sogleich erhob sich daraus der
Feuervogel und flog zum Himmel hinauf.
Gerade als der junge Mann alles verloren
glaubte, schoss aus den Wolken sein Bruder,
der ja in einen Adler verwandelt worden war,

Die Kristallkugel

herab und jagte den Feuervogel auf das Meer
hinaus. Als der Feuervogel vom Adler bis zur
Erschöpfung gejagt worden war, ließ er sein
Ei fallen. Es landete auf einer Fischerhütte am
Ufer, die sofort in Flammen aufging.

Wieder war der junge Mann der
Verzweiflung nahe, doch da
kam der andere
Bruder in seiner
Walgestalt

99

ans Ufer geschwommen. Er schob eine riesige Welle vor sich her, die sich über die Hütte ergoss und die Flammen löschte.

Sofort eilte der junge Mann in die Reste der Fischerhütte, um das Ei des Feuervogels zu suchen. Das Feuer hatte es zum Glück nicht völlig zerstört, nur die Schale war geschmolzen, und er konnte die Kristallkugel unbeschadet herausholen.

Vorsichtig trug er sie zurück zum Schloss der Goldenen Sonne. Er betrat den großen Saal, wo der Zauberer saß und über seinem Buch mit schwarzer Magie brütete. Der junge Mann hielt ihm die Kristallkugel vors Gesicht. Da stieß der Zauberer einen verzweifelten Schrei aus und verschwand in einem grellen, grünen Blitz.

Die Kristallkugel

Dem jungen Mann wurde leicht ums Herz und er eilte zur Königstochter. Als er ihr Zimmer betrat, saß sie dort bereits in ihrer wunderschönen wahren Gestalt. Als Nächstes benutzte er die Kristallkugel, um seinen treuen Brüdern ihre menschliche Gestalt zurückzugeben. Von da an lebten sie alle glücklich im Schloss der Goldenen Sonne und der Zauber der Kristallkugel beschützte sie, so dass keine Zauberin und kein Zauberer sie je wieder behelligen konnten.

Dorn-
röschen

Es waren einmal ein König und eine Königin, die in einem fernen Land herrschten. Sie warteten lange Zeit darauf, ein Kind zu bekommen, und als die Königin endlich ein kleines Mädchen gebar, jubelte das ganze Land. Der stolze König ließ ein Festbankett veranstalten und lud alle

Verwandten, Edelleute, Freunde und Nachbarn dazu ein. Die glückliche Königin sagte: „Wir sollten auch die Feen einladen, damit sie unserer kleinen Tochter stets hold und gewogen sind."

Nun gab es dreizehn Feen im Land, doch der König und die Königin hatten nur zwölf goldene Teller, von denen diese edlen Gäste essen konnten. Deshalb beschloss das Königspaar, eine der Feen nicht einzuladen.

Der große Tag kam und die zwölf Feen erschienen, jede von ihnen mit einem langen, weißen Zauberstab in der Hand. Als das Fest vorüber war, versammelten sie sich um die Wiege der kleinen Prinzessin und jede von ihnen brachte dem Kind einen guten Wunsch als Geschenk dar: Es waren Güte,

Schönheit, Klugheit und vieles andere darunter – eben alles, was man sich auf der Welt nur wünschen konnte. Als die elfte Fee eben ihren Wunsch über die Prinzessin gesprochen hatte, ertönte im Hof ein lauter Krach. Die dreizehnte Fee betrat den Festsaal mit einem Besen in der

Hand. Sie war entsetzlich zornig, weil sie nicht zu dem Festmahl eingeladen worden war. Sie ging zur Wiege und sprach: „Wenn die Prinzessin fünfzehn Jahre alt ist, soll sie sich an einer Spindel stechen und tot zu Boden fallen."

Vor Entsetzen ohnmächtig sank die Königin in die Arme des Königs, während alle anderen Gäste nach Luft schnappten und weinten. Die böse Fee stürmte wieder aus dem Saal hinaus.

Nun trat die zwölfte gute Fee vor, die ihr Geschenk noch nicht gemacht hatte und die in der Aufregung alle vergessen hatten.

„Ich fürchte, ich kann den bösen Fluch nicht rückgängig machen", seufzte sie, „aber vielleicht kann ich ihn abmildern ..."

Also schenkte sie der Prinzessin folgenden Wunsch: Sie solle nicht sterben, wenn sie sich an der Spindel stach, sondern nur in einen hundertjährigen Schlaf fallen.

Der König tat, was er konnte, um sein Kind auch vor diesem Schicksal zu bewahren: Er befahl, dass alle Spinnräder im Königreich verbrannt werden sollten. So wuchs die Prinzessin auf, ohne je ein Spinnrad zu sehen. Sie wurde gütig, klug und schön. Auch all die anderen liebevollen Wünsche der elf guten Feen wurden wahr und jeder hatte sie lieb.

Als die Prinzessin an ihrem fünfzehnten Geburtstag durch den Palast spazierte, entdeckte sie eine kleine Tür. Sie öffnete sie und sah, dass es der Eingang zu einem geheimnisvollen Turm war. Oben saß eine alte Frau,

die mit einem
Wollfaden an
einem seltsamen
Rad arbeitete.

„Guten Tag",
sagte die Prin-
zessin neugierig.
„Was machst
du da?"

„Ich spinne",
sagte die alte Frau
und summte eine
Melodie, während das
Rad schnurrte.

„Wie lustig dieses kleine Ding herum-
springt!", sagte die Prinzessin und griff nach
der Spindel.

„Au!", rief sie, als ihre Finger die Spindel berührten.

Während die böse Fee – denn natürlich saß niemand anders als sie in dem geheimnisvollen Turmzimmer – zusammen mit ihrem Spinnrad verschwand, fiel die Prinzessin in einen verzauberten Schlaf. Auch der König, die Königin und alle Diener schliefen ein. Zu ihren Füßen schnarchten die Hunde, in den Ställen schlossen die Pferde die Augen, auf den Dächern der Türme steckten die Tauben die Köpfe unter die Flügel und selbst die Fliegen an den Wänden schliefen ein.

Der Diener in der Küche fiel in Schlaf, als er gerade einen Schluck Bier trinken wollte, und dem Koch fielen die Augen zu, als er eine Gans am Spieß briet, und selbst das Feuer im

Herd erlosch augenblicklich. Im Hof und im Garten standen die Springbrunnen still, die Blumen erstarrten und die königlichen Wachen nickten ein und fielen in einen tiefen Schlaf.

Tage, Wochen und Monate vergingen, bis schließlich eine riesige, dornige Rosenhecke am Palast emporrankte. Jedes Jahr wurde sie höher und dichter, bis am Ende der ganze Palast von ihr bedeckt war, so dass nicht einmal mehr das Dach oder die Schornsteine herausragten. Doch noch immer erzählten sich die Leute Geschichten vom schönen Dornröschen, wie die Königstochter inzwischen genannt wurde. Von Zeit zu Zeit fand sich der ein oder andere Prinz am Dickicht ein und versuchte, zum Palast durchzudringen. Das gelang jedoch keinem, denn die Dornen und Büsche griffen nach ihnen, als wären es Hände, die sie festhielten.

Als genau einhundert Jahre vergangen waren, ritt wiederum ein Prinz an dem Dornengestrüpp vorbei. Zu seiner Verwunderung teilten sich die Büsche, als er sich näherte, und ließen ihn einfach hindurch. Die scharfen Dornen verwandelten sich in schöne Blüten, als er daran vorbeiging. Er kam zum Palast und ging durch den stillen Hof, den reglosen Garten und die ruhigen Säle. Er staunte nicht wenig, als er alle Wesen leblos in tiefem Schlaf gefangen fand.

Schließlich schritt er durch eine kleine Tür und gelangte in den geheimnisvollen Turm, in dem Dornröschen schlafend auf dem

Dornröschen

Boden lag. Sie sah so schön aus, dass sich der Prinz auf der Stelle bückte und ihr einen Kuss gab. In diesem Moment schlug sie die Augen auf und erwachte. Sie lächelte den schönen Prinzen an, der vor ihr stand. Er half ihr auf und gemeinsam gingen sie durch den Palast, in dem alle anderen ebenfalls aufwachten und aus dem Staunen nicht herauskamen.

In den folgenden Tagen wurde ein noch größeres Fest gefeiert als bei Dornröschens Geburt, nämlich Dornröschens Hochzeit mit dem Prinzen! Danach lebten sie glücklich und zufrieden bis ans Ende ihrer Tage.

TAPFERE JUNGEN, MUTIGE MÄDCHEN

Rot-
käppchen

Es war einmal ein kleines Mädchen, das so freundlich und gutherzig war, dass alle es lieb hatten. Seine Großmutter hatte ihm einmal ein ganz besonderes Geschenk gemacht: einen Kapuzenumhang aus rotem Samt. Der gefiel dem kleinen

Mädchen so gut, dass es fortan nichts anderes mehr trug. Deshalb wurde es von allen, die es kannten, Rotkäppchen genannt.

Eines Tages sagte die Mutter zu dem Mädchen: „Rotkäppchen, deine Großmutter ist krank. Geh bitte zu ihr und bring ihr diese Flasche Wein und ihren Lieblingskuchen, das wird ihr sicherlich gut bekommen. Du kennst dich ja aus, aber geh bitte geradewegs zu ihr und komm nicht vom Weg ab."

„Mach dir keine Sorgen, Mutter", sagte Rotkäppchen, „ich werde geradewegs zu ihr gehen."

Sie nahm den Wein und den Kuchen und machte sich auf den Weg durch den Wald zum Haus ihrer Großmutter. Sie war noch nicht weit gekommen, als ein Wolf aus dem

Dickicht auf sie zugetrabt kam. Rotkäppchen wusste nicht, dass der Wolf hinterhältig und gefährlich war, deshalb hatte sie keine Angst.

„Guten Tag, Rotkäppchen", sagte der Wolf höflich.

„Guten Tag, Herr Wolf", sagte Rotkäppchen und der Wolf fing an, neben ihr herzulaufen.

„Wohin gehst du?", fragte er.

„Zum Haus meiner Großmutter", erwiderte Rotkäppchen. „Sie ist krank, deshalb bringe ich ihr ein paar Leckerbissen, damit es ihr schnell wieder besser geht."

„Wo wohnt deine Großmutter denn, Rotkäppchen?", fragte der Wolf.

„Nur ein paar Minuten weiter im Wald", antwortete das Mädchen. „Ihr Haus steht unter den drei großen Eichen, du wirst es schon gesehen haben."

Rotkäppchen hätte sich nie träumen lassen, dass der Wolf nichts Gutes im Schilde führte, aber genau in

117

dem Moment dachte er: „Das kleine Ding ist so jung und süß, es wird einfach köstlich schmecken! Vielleicht kann ich zuerst die Großmutter fressen, damit mein leerer Magen nicht mehr so knurrt, und dann das kleine Mädchen als süße Nachspeise …“

Rasch ersann er einen Plan, um Rotkäppchen aufzuhalten, damit er als Erster zum Haus der Großmutter gelangte.

„Sieh mal dort, die schönen Blumen“, sagte er. „Warum pflückst du nicht welche für deine Großmutter?“

„Was für eine gute Idee“, sagte Rotkäppchen, „danke, Herr Wolf.“

Sie hüpfte durch die Bäume davon, um ein hübsches Sträußchen zu pflücken, während der Wolf auf dem Weg davon-

sprang, so schnell ihn seine Beine trugen. Schon bald gelangte er zum Haus der Großmutter und klopfte leise an die Tür.

„Wer ist da?", ertönte drinnen die schwache, zitternde Stimme der kranken alten Frau.

Der Wolf versuchte, seine Stimme so zu verstellen, dass sie wie die von Rotkäppchen klang.

„Deine Enkelin", piepste er. „Ich habe dir etwas zum Essen und zum Trinken mitgebracht. Öffne die Tür."

„Wie schön, vielen Dank!", rief die Großmutter. „Ich fürchte

119

aber, ich bin zu schwach, um aufzustehen –
komm einfach herein."

Der Wolf leckte sich die Lippen. Er schob
den Riegel zurück und stieß die Tür auf. Er
machte einen Satz auf Großmutters Bett zu
und verschlang sie mit Haut und Haar. Dann
zwängte er sich in ihr Nachthemd, setzte ihre
rüschenbesetzte Haube auf und zog die
Vorhänge zu, damit es dunkler im Zimmer
war. Er legte sich ins Bett und deckte sich bis
zum Kinn zu. Als Rotkäppchen zum Haus
kam, stand die Tür weit offen.

„Wie merkwürdig", dachte das Mädchen.
Ängstlich trat sie ein und fand das Zimmer,
das sonst hell war, dämmrig und düster vor.
„Wirklich sehr merkwürdig", dachte sie. Da
lag ihre Großmutter, sie hatte sich die Haube

tief ins Gesicht gezogen und war bis zum Kinn zugedeckt. Das sah sehr seltsam aus.

„Ei, Großmutter", sprach Rotkäppchen, „was hast du für große Ohren! Das war mir zuvor nie aufgefallen."

„Damit ich dich besser hören kann, mein Kind", kam die Antwort.

„Ei, Großmutter, was hast du für große Augen!", musste Rotkäppchen einfach anmerken.

„Damit ich dich besser sehen kann, mein Kind", kam die Antwort.

„Ei, Großmutter, was hast du für große Hände!", sagte Rotkäppchen und bekam ganz große Augen.

„Damit ich dich besser packen kann", kam die Antwort.

„Ei, Großmutter! Was hast du für einen großen Mund!", keuchte Rotkäppchen.

„Damit ich dich besser fressen kann!", brüllte der Wolf. Und mit einem Satz sprang er aus dem Bett und verschlang Rotkäppchen mit Haut und Haar.

Der Wolf war jetzt so vollgefressen, dass er ganz schläfrig wurde. Sehr zufrieden mit sich legte er sich wieder ins Bett, um ein Nickerchen zu machen.

Doch während er schnarchte, kam ein Jäger am Haus vorbei. Der Mann fand es sehr ungewöhnlich, dass die Tür so weit offen stand, und er blickte hinein, um zu sehen, ob alles mit rechten Dingen zuginge. Seine Augen leuchteten auf, als er den Wolf im Bett liegen sah.

Rotkäppchen

„Oh, wie lange versuche ich schon, dich zu fangen", dachte er. Er holte sein Jagdmesser heraus und – ritsch, ratsch – das war das Ende des bösen Tiers … Aus dem Schlitz im Bauch des Wolfs kamen Rotkäppchen und seine Großmutter heraus! Der Wolf hatte sie mit Haut und Haar verschlungen, so dass sie zwar verängstigt, aber unversehrt waren. Darüber freuten sich alle drei.

Der Jäger trug den Wolfspelz nach Hause. Großmutter bewunderte die Blumen, trank den Wein, aß den Kuchen und fühlte sich gleich sehr viel besser. Und Rotkäppchen lief unbeschadet zu ihrer Mutter nach Hause und lebte glücklich bis ans Ende ihrer Tage.

Der goldene Vogel

Es war einmal ein König, der hatte einen schönen Garten, in dem ein Baum stand, der goldene Äpfel trug. Jeden Tag musste der königliche Gärtner die Äpfel zählen. Eines Morgens fehlte ein Apfel! Am nächsten Morgen war es ebenso … und auch

am übernächsten. Der König war darüber sehr zornig, deshalb befahl der Gärtner seinem Sohn, die ganze Nacht unter dem Baum Wache zu halten, um zu sehen, was passierte.

Um Mitternacht hörte der junge Mann etwas rascheln. Ein goldener Vogel kam durch die Dunkelheit angeflogen. Der Sohn des Gärtners zückte Pfeil und Bogen und als der Vogel einen der Äpfel in den Schnabel nahm, schoss er einen Pfeil ab. Doch der Pfeil durchstieß nur den Schwanz des Vogels und eine einzelne Feder fiel zu Boden.

Am nächsten Morgen erzählte der Gärtner dem König, was sein Sohn gesehen hatte, und zeigte ihm die goldene Feder. Der König staunte nicht schlecht und rief seine klügsten Berater zusammen, damit sie sich die Feder anschauten. Alle waren sich einig, dass sie wertvoller war als alles, was sich in der Schatzkammer des Königs befand. Gierig rief der König: „Ich will den ganzen Vogel haben!"

So brach der Sohn des Gärtners auf, um den Vogel zu suchen. Er wanderte in die Richtung, in die der Vogel geflogen war, bis er an einen Waldrand kam, an dem ein Fuchs saß. Der Fuchs sagte: „Setz dich auf meinen Schwanz, dann bist du schneller."

Der junge Mann tat, was der Fuchs ihm geraten hatte, und schon rann-

ten sie über Hügel und Felder. In der Nähe
eines großen Schlosses machte der Fuchs halt.

„Die Wachen im Schloss schlafen", erklärte er. „In einem der Zimmer findest du
den goldenen Vogel in einem Käfig aus Holz.
Daneben steht ein leerer goldener Käfig, aber
versuche nicht, den Vogel aus seinem Käfig
herauszunehmen und in den anderen zu setzen, denn sonst wird es dir schlimm ergehen!"

Der junge Mann schlich sich an
den schlafenden Wachen vorbei und
fand das Zimmer mit dem goldenen
Vogel. Er erschien ihm so wunderschön, dass er es nicht ertragen
konnte, ihn in einem so einfachen, alten
Käfig wegzubringen. Daher setzte
er ihn doch in den goldenen

Käfig. Kaum hatte er das getan, stieß der Vogel einen ohrenbetäubenden Schrei aus! Die Wachen schreckten aus ihrem Schlaf hoch, nahmen den Gärtnersohn gefangen und schleppten ihn vor den König.

„Du wirst zum Tode verurteilt, weil du meinen goldenen Vogel stehlen wolltest", verkündete der König, „es sei denn, du bringst mir das goldene Pferd. Wenn du das schaffst, werde ich dich freilassen – und obendrein darfst du den goldenen Vogel behalten."

Beschämt ging der Sohn des Gärtners zurück zum Fuchs.

„Warum hast du nicht getan, was ich gesagt habe?", schalt ihn der Fuchs.

Doch er erlaubte dem jungen Mann, noch einmal auf seinen Schwanz zu klettern, und

rannte mit ihm davon zu einem anderen Schloss in einem anderen Königreich.

„Dort im Stall findest du das goldene Pferd", sagte der Fuchs. „Der Stallknecht schläft. Aber leg den ältesten Sattel auf das Pferd, nicht den goldenen, der dort liegt."

Also schlich sich der junge Mann an dem schlafenden Stallknecht vorbei in den Stall, wo das goldene Pferd stand. Es war so unsagbar schön, dass er es nicht ertragen konnte, den alten Ledersattel auf seinen Rücken zu legen, deshalb nahm er stattdessen doch den goldenen. Da wachte plötzlich der Stallknecht auf und schrie nach den Wachen, die den jungen Mann vor den König schleppten.

„Du wirst zum Tode verurteilt, weil du mein goldenes Pferd stehlen wolltest",

129

verkündete der König, „es sei denn, du bringst mir die schöne Prinzessin. Wenn dir das gelingt, lasse ich dich frei – und obendrein darfst du das goldene Pferd behalten."

Der Gärtnersohn schlich zurück zum Fuchs und schämte sich noch mehr.

„Warum hast du nicht getan, was ich gesagt habe?", schalt der Fuchs erneut, eilte aber mit ihm zu einem dritten Schloss.

„Um Mitternacht wird die Prinzessin herauskommen, um ein Bad im See zu nehmen", erklärte der Fuchs. „Geh hin und gib ihr einen Kuss, dann wird sie freiwillig mitkommen. Lass aber nicht zu, dass sie sich von ihrer Mutter und ihrem Vater verabschiedet."

Der junge Mann wartete bis Mitternacht und genau wie der Fuchs gesagt hatte, kam die Prinzessin heraus, um ein Bad im See zu nehmen. Er ging zu ihr, gab ihr einen Kuss, und sie erklärte sich einverstanden, mit ihm zu gehen. Sie bat jedoch darum, sich von ihren Eltern verabschieden zu dürfen. Sie war so schön und liebreizend, dass der Gärtnersohn es nicht ertragen konnte, ihr diese Bitte abzuschlagen. In dem Moment, in dem das Paar das Schloss betrat, ergriffen aber die Wachen den Gärtnersohn, weil er versucht hatte, die Prinzessin zu rauben, und schleppten ihn vor ihren Vater.

„Du wirst zum Tode verurteilt, weil du meine Tochter rauben wolltest", verkündete der König, „es sei denn, du kannst in acht Tagen den Hügel abtragen, der mir vor dem Fenster die Sicht verstellt. Wenn dir das

gelingt, dann bist du frei – und obendrein bekommst du auch noch meine Tochter."

Da ließ der Gärtnersohn vor Scham den Kopf hängen und fing an zu graben. Nach sieben Tagen, in denen der Hügel kaum kleiner geworden war, kam der Fuchs zu ihm und sagte: „Warum hast du nicht getan, was ich dir gesagt habe? Aber jetzt lege dich hin und schlafe, ich arbeite für dich weiter."

Am Morgen wachte der junge Mann auf und entdeckte, dass der Hügel vollständig verschwunden war! Auch der König traute seinen Augen kaum, aber er musste sein Versprechen halten und erlaubte dem Gärtnersohn, mit der Prinzessin wegzugehen.

„Nun hör gut zu", sagte der Fuchs zum Gärtnersohn, „ich erkläre dir, wie du alle drei

bekommen kannst: die
Prinzessin, das Pferd und den Vogel."
Dieses Mal war der Gärtnersohn
entschlossen, keinen Fehler zu machen. Er tat
genau, was der Fuchs sagte. Zuerst brachte er
die schöne Prinzessin zu dem König, der sie
haben wollte. Zu seiner Freude wurde das

goldene Pferd herausgebracht und er sprang sofort auf seinen Rücken. Er ergriff die Hand der Prinzessin, als wollte er sie zum Abschied küssen, doch rasch packte er sie am Handgelenk, schwang sie hinter sich auf den Pferderücken, gab dem Ross die Sporen und sie galoppierten schnell wie der Wind davon.

Dann brachte er das goldene Pferd zu dem König, der es haben wollte. Zu seiner Freude wurde der goldene Vogel herausgebracht.

„Ich muss zuerst nachprüfen, ob es der richtige Vogel ist", sagte der Gärtnersohn.

Sobald er den Vogel in der Hand hatte, gab er seinem Pferd wieder die Sporen und sie galoppierten schnell wie der Wind davon.

Sie brachten den goldenen Vogel zu dem König, der ihn haben wollte. Der König war

so erfreut, dass er den Gärtnersohn nicht nur das goldene Pferd behalten und die schöne Prinzessin heiraten ließ, sondern ihn auch zum Erben seines Königreichs machte!

Da kam der Fuchs zu ihm und sagte: „Jetzt musst du mich töten. Vertrau mir und tu einfach, was ich dir sage!"

Der junge Mann wollte das ganz und gar nicht tun, aber er vertraute dem Fuchs. Er nahm also ein Schwert und schlug zu. Ein greller Blitz leuchtete auf und es stand ein schöner Prinz vor ihm: der lange verschollene Bruder der Prinzessin. Endlich war er von einem bösen Fluch erlöst worden, unter dem er viele Jahre gelitten hatte. Da fehlte nichts mehr zu ihrem Glück und sie lebten alle glücklich bis ans Ende ihrer Tage.

Die zwölf Jäger

Es war einmal ein Prinz, der lebte in einem Schloss in der Nähe des Palasts seines Vaters. Er verliebte sich in eine Prinzessin, die er sehr gerne heiraten wollte, und hatte ihr sogar schon einen Ring zum Zeichen ihrer Verlobung geschenkt. Doch

bevor er seinem Vater die gute Nachricht
überbringen konnte, kam ein Bote aus dem
Palast, der ihm mitteilte, dass sein Vater
schwer krank sei.

Der Prinz eilte zum Palast und stellte fest,
dass sein Vater im Sterben lag.

„Mein Sohn", keuchte der König, „hier ist
mein letzter Wunsch. Ich will, dass du diese
junge Frau heiratest ..."

Dann nannte er ihm den Namen einer
Prinzessin, die in einem fernen Land wohnte.
Der Prinz war so betrübt darüber, dass sein
Vater im Sterben lag, dass er nicht daran
denken konnte, ihm zu widersprechen.

„So soll es geschehen", sagte er, weil er dem
alten Mann Trost spenden wollte, „ich werde
tun, was Euer Wille ist."

Da schloss der König die Augen und starb. In den nächsten Wochen trugen alle Trauer und weinten um den alten König. Dann wurde der Prinz zum neuen Herrscher gekrönt und es wurde verkündet, dass der neue König die Prinzessin aus dem fernen Land heiraten wolle und dass sie schon auf dem Weg zum Schloss sei. Als die Prinzessin, die bereits mit dem Prinzen verlobt war, das hörte, weinte sie und es schien, als wollte sie niemals mehr damit aufhören. Ihrem Vater gefiel nicht, dass sie so traurig war.

„Was kann ich tun, damit du dich besser fühlst?", fragte er sie. „Was immer du willst, es sei dir gewährt."

Doch die Prinzessin wollte keine aufmunternden Worte, sie wollte einfach nur ihren

geliebten Prinzen zurück. Deshalb dachte sie scharf nach und sagte: „Vater, bitte lass nach elf Mädchen suchen, die mir sehr ähnlich sehen, und sie hierherbringen."

Ihr Vater war erstaunt, doch er befahl seinen Dienern, überall zu suchen. Schon bald waren elf junge Frauen gefunden, die seiner Tochter sehr ähnelten. Dann ließ die Prinzessin zwölf Jägergewänder nähen, die sie und die anderen elf Mädchen anzogen. Sie verabschiedete sich von ihrem Vater und ritt mit den elf Mädchen zum Palast ihres Liebsten.

Dort bat die verkleidete Prinzessin kühn darum, den neuen König sehen zu dürfen. Ihr Herz klopfte, als sie ihren Geliebten sah, aber er erkannte sie nicht. Die Prinzessin fragte, ob er nicht zwölf Jäger für seinen Hofstaat

brauchen könnte. Der König fand, dass die zwölf Männer sehr schneidig aussahen, und nahm sie in seinen Dienst.

Nun hielt sich der König einen Löwen als Haustier, der bekannt dafür war, Geheimnisse durchschauen zu können. Als der Löwe an diesem Abend zu Füßen des Königs saß, blickte er zu seinem Herrn auf und bemerkte: „Deine zwölf neuen Jäger sind in Wirklichkeit zwölf junge Frauen."

„Nein, gewiss nicht!", sagte der König überrascht. „Beweise es mir."

„Also gut", sagte der Löwe. „Lass Erbsen in den Flur streuen.

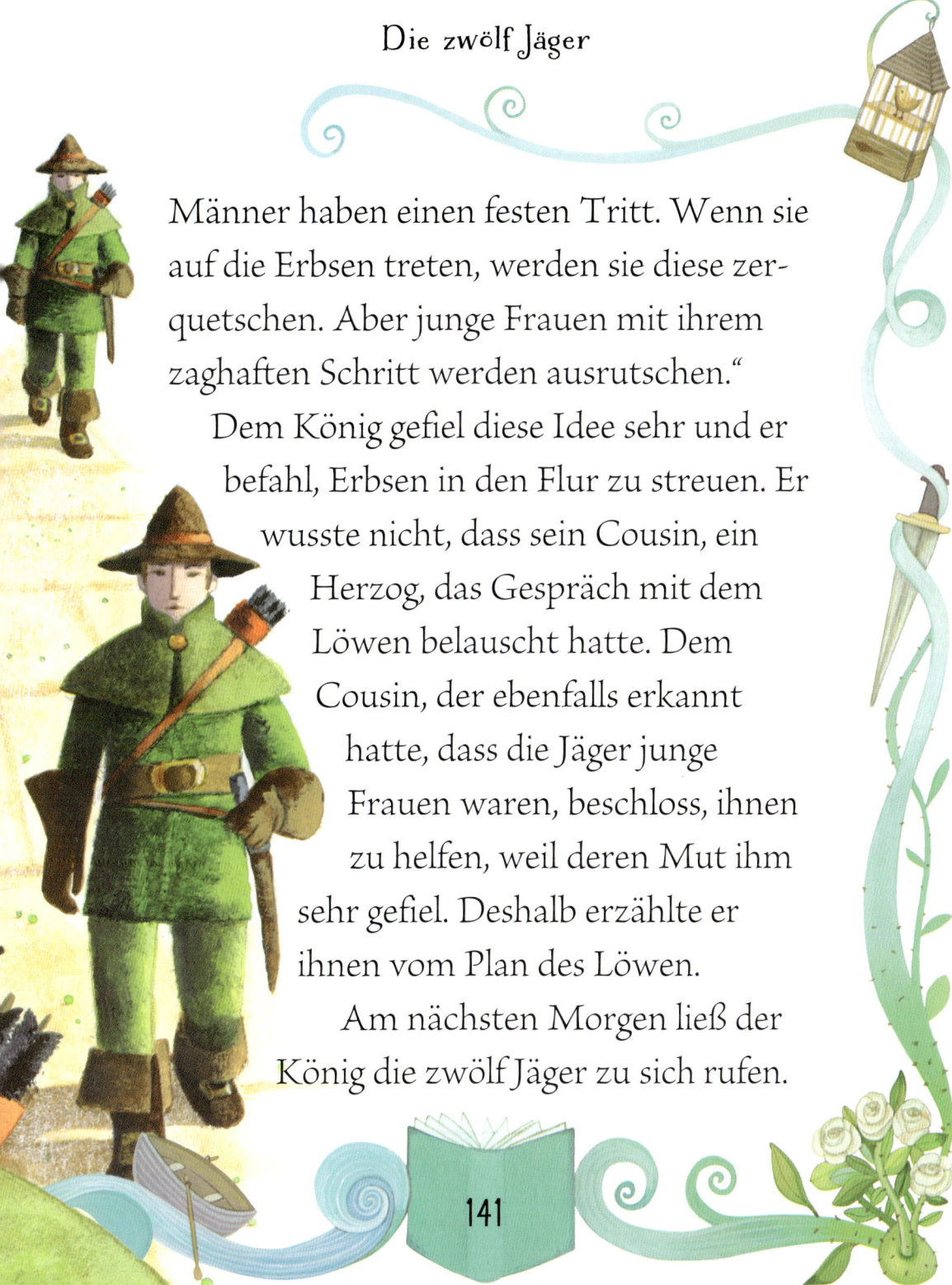

Die zwölf Jäger

Männer haben einen festen Tritt. Wenn sie auf die Erbsen treten, werden sie diese zerquetschen. Aber junge Frauen mit ihrem zaghaften Schritt werden ausrutschen."

Dem König gefiel diese Idee sehr und er befahl, Erbsen in den Flur zu streuen. Er wusste nicht, dass sein Cousin, ein Herzog, das Gespräch mit dem Löwen belauscht hatte. Dem Cousin, der ebenfalls erkannt hatte, dass die Jäger junge Frauen waren, beschloss, ihnen zu helfen, weil deren Mut ihm sehr gefiel. Deshalb erzählte er ihnen vom Plan des Löwen.

Am nächsten Morgen ließ der König die zwölf Jäger zu sich rufen.

Sie kamen in den Flur, in dem die Erbsen lagen, und traten kräftig darauf, so dass sie alle zerquetscht wurden.

Als sie wieder weggegangen waren, sagte der König zum Löwen: „Du hast dich geirrt, sie gehen wie Männer."

Ruhig erwiderte der Löwe: „Jemand muss ihnen von unserem Plan mit den Erbsen erzählt haben."

Doch der König glaubte ihm nicht länger. Am nächsten Tag ließ er die zwölf Jäger rufen, damit sie ihn zur Jagd in den Wald begleiteten, und sie brachen alle zusammen auf. Wie sie so durch den Wald ritten, kam ein Bote mit der Nachricht, dass die neue Braut des Königs noch an diesem Tag im Palast ankommen würde.

Die zwölf Jäger

Als die Prinzessin das hörte, glaubte sie, das Herz würde ihr brechen, und sie sank ohnmächtig zu Boden. Der König eilte sofort zu der Gestalt am Boden, weil er glaubte, der tapfere Anführer seiner Jäger sei ernstlich krank. Er sprang vom Pferd, beugte sich über die Prinzessin und zog ihr den Jägerhut und die Handschuhe aus.

Als er das hübsche Gesicht seiner Prinzessin sah und seinen Ring an ihrem Finger erkannte, schnappte er vor Überraschung und Freude nach Luft.

„Vergebt mir, Vater", murmelte er, „aber ich kann die andere Prinzessin nicht heiraten. Wenn ich Zeit gehabt hätte, Euch von meiner wahren Liebe zu erzählen, hättet Ihr bestimmt gewollt, dass ich sie heirate."

Dann küsste er seine wahre Geliebte und als sie die Augen aufschlug, sagte er zu ihr: „Du bist mein und ich bin dein und nichts kann uns je voneinander trennen."

Sofort schickte der König einen seiner Boten los, welcher der Prinzessin aus dem fernen Land ausrichten sollte, es täte ihm sehr leid, dass sie die weite Reise vergebens auf sich genommen

144

hatte, aber er könne sie nun doch nicht heiraten.

Das Schicksal wollte es, dass die Prinzessin überhaupt nicht enttäuscht war. Sie war schon im Palast angelangt und hatte den Herzog kennengelernt und sich Hals über Kopf in ihn verliebt.

So wurde nicht nur eine Hochzeit gefeiert, sondern zwei, und es war ein großes, ausgelassenes Fest. Hunderte von Gästen aßen, tranken und tanzten drei Tage und Nächte lang und der Löwe gehörte natürlich zu den Ehrengästen.

Schnee-weißchen
und
Rosenrot

Es war einmal eine arme Witwe, die hatte ein kleines Haus mit einem Garten. Darin standen zwei Rosenbäumchen, eines mit weißen und eines mit roten Rosen. Sie hatte zwei Töchter, die wie diese Rosenbäumchen waren. Deshalb nannte sie

die Mädchen Schneeweißchen und Rosenrot.
Sie wuchsen heran und waren so freundlich
und herzensgut, dass alle Lebewesen auf den
Wiesen und in den Wäldern sie gern hatten.
Die Mädchen taten alles gemeinsam und versprachen einander, sich niemals zu verlassen.
Jeden Tag sorgten sie dafür, dass ihr Zuhause
sauber und ordentlich war. Am Abend saßen
sie mit ihrer Mutter am Feuer und lasen sich
gegenseitig Geschichten vor.

An einem Winterabend klopfte es plötzlich an die Tür. Die Mutter sagte: „Rosenrot,
geh nachsehen, wer es ist. Bestimmt ist es ein
Wanderer, der ein Nachtlager sucht."

Aber es war kein Wanderer, sondern ein
großer, schwarzer Bär! Die Mädchen schrien,
doch der Bär sagte sanft: „Habt keine Angst,

ich werde euch nichts zu Leide tun. Ich bin halb erfroren und will mich nur ein wenig an eurem Feuer wärmen."

„Du armer Bär", sagte die Mutter, „komm herein und leg dich ans Feuer."

Der Bär streckte sich aus, damit der Schnee auf seinem Fell schmolz. Nach und nach verloren die Mädchen ihre Angst. Sie holten den Besen, kehrten sein zottiges Fell aus und schon bald wurden sie ganz vertraut mit dem mächtigen Tier. Sie kratzten ihn am Rücken, streichelten seinen Kopf und er wälzte sich auf den Rücken, damit sie ihn am Bauch kitzeln konnten. Die Mutter ließ den Bären am Feuer schlafen. In der Morgendämmerung ließen ihn die beiden Mädchen hinaus und er trabte zurück in den Wald.

Den ganzen Winter über kam der Bär jeden Abend um dieselbe Zeit. Dann wurde es Frühling und eines Morgens sagte der Bär: „Nun muss ich gehen und im Sommer kann ich euch nicht besuchen."

„Aber wohin willst du denn gehen, lieber Bär?", fragte Schneeweißchen.

„In den Wald, um ihn vor den bösen Zwergen zu schützen. Im Winter, wenn die Erde hartgefroren ist, müssen sie unten bleiben. Aber nun erwärmt die Sonne den Boden und schon bald werden sie herauskommen."

Die Mädchen waren traurig, doch der Bär versprach, im nächsten Winter zurückzukehren. Eine Woche später gingen die Schwestern in den Wald, um Feuerholz zu sammeln. Neben einem großen Baum, der vom Sturm gefällt auf dem Boden lag, sahen sie ein kleines Männlein im Gras herumhüpfen. Es war ein zorniger Zwerg, der sich das Ende seines langen Barts in einer Spalte des Baumstamms eingeklemmt hatte. Schneeweißchen hatte eine Schere in ihrer Schürzentasche und eilte ihm zu Hilfe. Sie schnitt das Ende des Barts ab und befreite so den Zwerg.

„Du dummes Ding! Du hast ein Stück von meinem Bart abgeschnitten!", zeterte der undankbare Zwerg. „Hol euch der Teufel!"

Dann packte er einen Sack mit Gold, der zwischen den Wurzeln des Baumes lag, und rannte davon, ohne sich noch einmal umzuschauen.

„Wie unhöflich", dachten Schneeweißchen und Rosenrot.

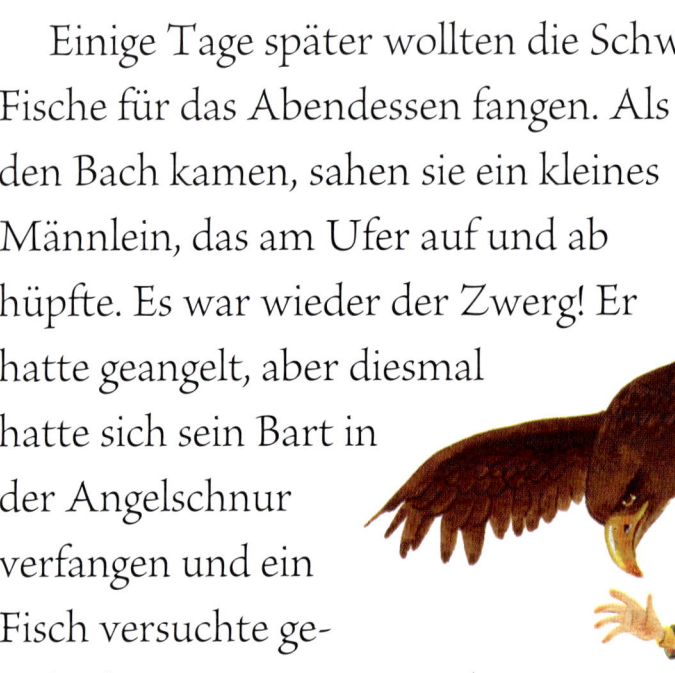

Einige Tage später wollten die Schwestern Fische für das Abendessen fangen. Als sie an den Bach kamen, sahen sie ein kleines Männlein, das am Ufer auf und ab hüpfte. Es war wieder der Zwerg! Er hatte geangelt, aber diesmal hatte sich sein Bart in der Angelschnur verfangen und ein Fisch versuchte gerade, ihn ins Wasser zu ziehen.

Wieder eilten ihm die Mädchen zu Hilfe. Vorsichtig nahm Rosenrot ihr Fischermesser und schnitt den Bart ab.

„Wie kannst du es wagen, noch mehr von meinem Bart abzuschneiden!", zürnte der Zwerg. „Hol euch der Teufel, alle beide!"

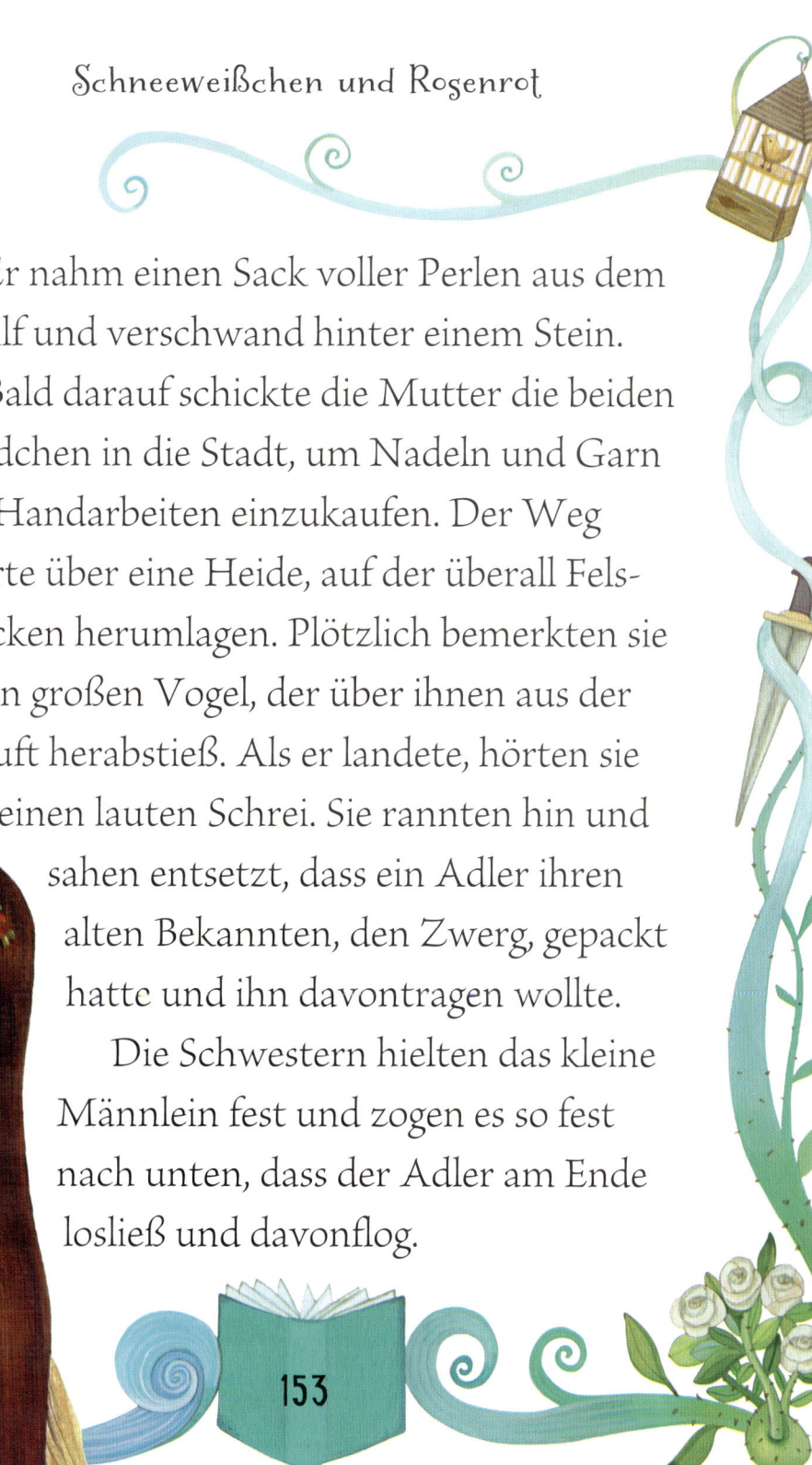

Er nahm einen Sack voller Perlen aus dem Schilf und verschwand hinter einem Stein.

Bald darauf schickte die Mutter die beiden Mädchen in die Stadt, um Nadeln und Garn für Handarbeiten einzukaufen. Der Weg führte über eine Heide, auf der überall Felsbrocken herumlagen. Plötzlich bemerkten sie einen großen Vogel, der über ihnen aus der Luft herabstieß. Als er landete, hörten sie einen lauten Schrei. Sie rannten hin und sahen entsetzt, dass ein Adler ihren alten Bekannten, den Zwerg, gepackt hatte und ihn davontragen wollte.

Die Schwestern hielten das kleine Männlein fest und zogen es so fest nach unten, dass der Adler am Ende losließ und davonflog.

153

„Hättet ihr nicht vorsichtiger sein können? Jetzt ist mein Mäntelchen entzweigerissen!", schrie der Zwerg und hüpfte wie wild herum. „Der Teufel soll euch holen!"

Er hob noch einen Sack voll kostbarer Juwelen hoch und kroch unter einem Felsen in die Erde.

Die Mädchen hätten es sich nie träumen lassen, dass sie auf ihrem Heimweg dem Zwerg erneut begegnen würden. Doch da war er: Er saß mitten in der Heide, hatte die Edelsteine vor sich ausgeschüttet und bewunderte sie in der untergehenden Sonne. Sie glitzerten so herrlich, dass die Mädchen stehen blieben, um sie zu betrachten.

„Was steht ihr da und haltet Maulaffen feil?", schrie der Zwerg, sein Gesicht war rot

vor Zorn. Er wollte die Schwestern gerade zum vierten Mal zum Teufel wünschen, als mit einem furchterregenden Knurren ein schwarzer Bär aus dem Wald galoppiert kam.

Der Zwerg flehte ihn an: „Lieber Herr Bär, bitte verschont mich! Ich werde Euch alle meine Schätze geben, das verspreche ich. Fresst lieber diese beiden Mädchen, bitte. Sie sind viel größer und köstlicher als ich."

Doch der Bär beachtete ihn nicht. Stattdessen versetzte er dem Zwerg einen Schlag mit seiner gewaltigen Tatze, was das augenblickliche Ende des Widerlings bedeutete.

Zitternd und Hand in Hand standen die Mädchen da. Sie schlossen die Augen und warteten darauf, dass der Bär auch ihnen einen Schlag versetzen würde. Doch zu ihrem

Erstaunen sprach er zu ihnen: „Habt keine Angst, Schneeweißchen und Rosenrot!"

Sofort erkannten sie seine Stimme und schlugen die Augen auf. Während der Bär auf sie zukam, fiel das Bärenfell von ihm ab und ein schöner Mann stand vor ihnen, der ganz in Gold gekleidet war.

„Ich bin ein Königssohn", sagte er. „Der böse Zwerg hat mich verzaubert und meinen Schatz gestohlen. Endlich ist er tot und der Fluch gebrochen."

Da freuten sich alle. Die Mädchen brachten den Schatz nach Hause zu ihrer Mutter. Schon bald vermählte sich Schneeweißchen mit dem Prinzen und Rosenrot heiratete dessen Bruder. Alle zusammen lebten sie noch viele Jahre glücklich und zufrieden.

Die drei Spinnerinnen

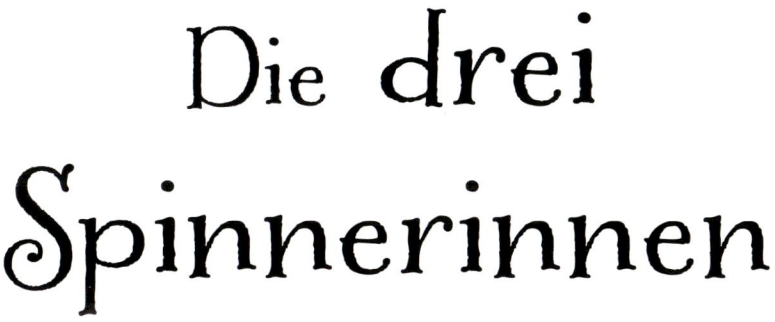

Es war einmal eine junge Frau, die war so faul, dass sie sich einfach nicht hinsetzen und spinnen wollte, egal, wie sehr ihre Mutter flehte. Am Ende war die Mutter so zornig, dass sie ihre Tochter ohrfeigte, die daraufhin laut zu weinen anfing.

In diesem Moment kam die Königin des Landes vorbei. Sie hörte das schreckliche Weinen und blieb stehen, um zu sehen, was da vor sich ging. Die Mutter schämte sich so, dass sie der Königin nicht erzählte, was für eine faule Tochter sie hatte, sondern sie erfand rasch eine Geschichte.

„Meine Tochter weint, weil sie das Spinnen so liebt, aber jetzt ist ihr der Flachs ausgegangen. Ich bin sehr arm und sie spinnt so viel, dass ich es mir nicht leisten kann, so viel Flachs zu kaufen, wie meine Tochter zum Spinnen braucht!"

Die Königin erwiderte: „Dann soll deine Tochter zu mir ins Schloss kommen und bei mir wohnen. Ich habe genug Flachs, mit dem sie nach Herzenslust spinnen kann."

Die Mutter war nur allzu erfreut darüber, ihre faule Tochter loszuwerden, und der Königin konnte die junge Frau nicht widersprechen. Also ging sie mit zum Schloss. Dort brachte die Königin sie in einen Flur, der zu drei Kammern führte, von denen jede bis zur Decke mit Flachs gefüllt war.

„Spinn mir all diesen Flachs und ich gebe dir meinen ältesten Sohn zum Gemahl", sagte die Königin zu der jungen Frau. „Ich weiß, dass du arm bist, aber das spielt keine Rolle für mich. Zeig mir nur, dass du so fleißig bist, wie deine Mutter behauptet hat, dann bekommst du als Belohnung den Prinzen zum Gemahl." Mit diesen Worten ließ sie die Königin mit einem Spinnrad allein, damit sie anfangen konnte.

Die junge Frau sank zu Boden und weinte
bitterlich. Das lag nicht nur daran, dass sie
gar nicht spinnen konnte. Selbst wenn sie die
geschickteste Spinnerin der Welt gewesen
wäre, würde es hundert Jahre oder mehr
dauern, so viel Flachs zu spinnen, und das
wusste sie sehr wohl. Sie sah traurig aus dem

Fenster und wünschte sich, dass sie wieder nach Hause gehen könnte. Sie dachte auch daran, was geschehen wäre, wenn sie nicht so faul gewesen wäre.

Als sie so dasaß, kamen draußen drei alte Frauen vorbei. Die erste von ihnen hatte einen riesengroßen Plattfuß, die zweite eine gewaltige Unterlippe und die dritte einen auffallend breiten, flachen Daumen. Sie blieben stehen und eine von ihnen fragte: „Warum bist du so traurig, mein Kind?"

Unter Tränen klagte ihnen die junge Frau ihr Leid, aber die drei Alten trösteten sie.

„Wir können dir helfen", boten sie an. „Wir können den ganzen Flachs wegspinnen und es wird auch gar nicht lange dauern. Du musst uns nur versprechen, dass du uns danach zu deiner Hochzeit einlädst und dich während der Feier nicht für uns schämst. Du musst uns als deine Cousinen vorstellen und uns an deinem Tisch sitzen lassen."

Die junge Frau freute sich sehr über das Angebot und versprach ihnen alles, was sie wollten. Also kletterten die Frauen durch das Fenster und fingen an zu spinnen. Die erste zog den Flachs in die Länge und bediente mit ihrem riesengroßen, breiten Plattfuß das Pedal, welches das Rad antrieb. Die zweite benetzte den Flachs, indem sie ihn über ihre gewaltige Unterlippe zog. Die dritte drehte den Flachs und klopfte dann mit ihrem breiten, flachen Daumen auf den Tisch. Wann immer sie klopfte, fiel ein Haufen Garn auf den Boden, das aufs Feinste gesponnen war.

So spannen die drei alten Frauen Tag für
Tag. Immer wenn die Königin kam, um nach
der jungen Frau zu sehen, versteckten sie sich. Die junge
Frau zeigte der Königin das
gesponnene Garn und
diese lobte sie über alle
Maßen. Schon bald
war der Flachs aus der
ersten Kammer ver-
sponnen, dann der
aus der zweiten und
schließlich auch der
aus der dritten.
Die drei alten Frauen
kletterten wieder aus
dem Fenster, nicht ohne

163

die junge Frau noch einmal zu ermahnen:
„Vergiss nicht, was du uns versprochen hast!"

Die junge Frau zeigte der Königin die leeren Kammern und den großen Haufen Garn und man begann sofort, die Hochzeit vorzubereiten. Der älteste Prinz freute sich, so eine kluge, fleißige Braut zu haben, und verliebte sich in sie, kaum dass er sie gesehen hatte.

„Ich habe übrigens drei Cousinen", erzählte sie ihm so bald wie möglich, „und da sie immer äußerst freundlich zu mir waren, wünsche ich mir, dass sie an unserer Hochzeit bei uns am königlichen Tisch sitzen."

„Sicher, warum auch nicht", antwortete er.

Als der Tag der Hochzeit kam, saßen die drei alten Frauen am Tisch der königlichen Familie. Der staunende Prinz konnte es sich

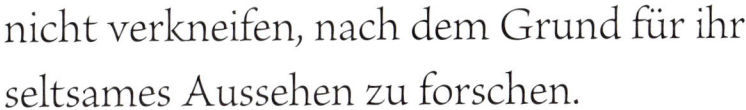

nicht verkneifen, nach dem Grund für ihr seltsames Aussehen zu forschen.

Er fragte die erste Frau: „Wie kommt es, dass du einen so riesengroßen Plattfuß hast?"

„Vom Antreiben des Spinnrads mit dem Pedal", erwiderte sie.

Dann ging er zur zweiten und fragte: „Wie kommt es, dass du eine so gewaltige Unterlippe hast?"

„Vom Befeuchten des Flachses beim Spinnen", antwortete sie.

Die dritte fragte er: „Wie kommt es, dass du einen so breiten, flachen Daumen hast?"

„Vom Drehen und Klopfen des Flachses beim Spinnen", erklärte sie.

Von da an ließ der Prinz seine hübsche Frau nie wieder am Spinnrad arbeiten.

Das Wasser des Lebens

Vor langer Zeit war in einem fernen Land ein König sehr krank und lag im Sterben. Seine drei Söhne waren darüber zutiefst betrübt. Eines Tages, als die jungen Männer im Schlossgarten spazieren gingen, erschien ein kleiner alter Mann vor ihnen.

Das Wasser des Lebens

„Ich weiß, was euren Vater retten kann", flüsterte er, „das Wasser des Lebens." Und schon war er verschwunden.

Kurz darauf galoppierte der älteste Sohn auf seinem Pferd davon, um das Wasser des Lebens zu finden. Er tat das aber nicht nur, weil er seinem Vater das Leben retten wollte. Er hoffte auch, dass der ihm sein ganzes Königreich vermachen würde, wenn er derjenige wäre, der ihn rettete. Dann bräuchte er nicht mit seinen Brüdern zu teilen.

Als er ein Stück geritten war, kam er in eine düstere, bewaldete Schlucht, in der auf einem Felsen ein hässlicher Zwerg stand.

„Wohin so geschwind?", rief der Zwerg.

„Was geht dich das an?", schrie der Prinz zurück.

Der Zwerg war so ver- ärgert über die Unverschämtheit des Prinzen, dass er eine Verwün- schung murmelte.

Als der Prinz wei- territt, wurden die Felswände rechts und links von ihm immer steiler, bis es ihm so vorkam, als würde er durch einen schmalen Gang reiten. Schließ- lich war der Pfad vor ihm durch Felsbrocken vollends versperrt. Er wendete das Pferd, weil er umkehren wollte, und sah, dass auch der Weg hinter ihm vollständig versperrt war. Er war von allen Seiten eingeschlossen!

Das Wasser des Lebens

Der Prinz sprang vom Pferd und merkte sofort, dass er sich keinen Schritt bewegen konnte, beinahe als wären seine Füße am Boden festgeklebt. Er hörte lautes Gelächter um sich herum und musste unter dem Zauberbann stehen bleiben, wo er war.

Als viele Tage vergangen waren und der älteste Prinz nicht zum Palast zurückgekehrt war, beschloss der mittlere Prinz, das Wasser des Lebens zu suchen. Auch ihn leitete natürlich der Wunsch nach Heilung für seinen Vater, doch auch er hoffte insgeheim, vielleicht so das Königreich zu gewinnen.

Er nahm den gleichen Weg wie sein älterer Bruder. Auch er begegnete dem Zwerg – und er war genauso unhöflich zu ihm. Deshalb belegte der Zwerg ihn mit demselben

Zauberbann und auch der mittlere Bruder endete in einem Gefängnis aus Felsen.

Als auch der zweite Prinz nicht zurückkam, machte sich der jüngste Königssohn auf, das Wasser des Lebens zu suchen. Ihm war es im Gegensatz zu seinen Brüdern gleichgültig, ob er dadurch Herr über das ganze Königreich werden könne, er wollte nur, dass es seinem Vater endlich wieder besser ging.

Er nahm denselben Weg wie seine Brüder und begegnete an derselben Stelle dem Zwerg. Als das hässliche, kleine Männlein auch ihn fragte, wo er hinwolle, erwiderte der Prinz besorgt, aber freundlich: „Ich suche das Wasser des Lebens, denn mein Vater ist sehr krank. Aber ich habe keine Ahnung, wo ich es finden kann. Kannst du mir bitte helfen?"

Das Wasser des Lebens

Der Zwerg freute sich, dass der Prinz so höflich gesprochen hatte, und erklärte ihm: „Das Wasser des Lebens entspringt einem Brunnen, der sich in einem verzauberten Schloss befindet. Hier hast du eine eiserne Rute. Wenn du zum Schloss gelangst, schlage damit dreimal gegen das Tor, dann wird es sich öffnen. Außerdem gebe ich dir diese zwei kleinen Brotlaibe. Wirf sie den Löwen vor, die dich hinter dem Tor erwarten, dann werden sie dich nicht fressen. Geh danach zum Brunnen und hol daraus das Wasser des Lebens. Beeil dich aber, denn wenn es zwölf schlägt, wird sich das Tor des Schlosses schließen und du bist für immer gefangen."

Der Prinz dankte dem Zwerg vielmals, und der zeigte ihm den Weg zum Schloss.

Der Prinz musste lange reiten, bis er am Schloss ankam. Alles war genau so, wie der Zwerg gesagt hatte. Beim dritten Rutenschlag sprang das Tor auf. Als die Löwen auf den Brotlaiben herumkauten, eilte der Prinz durch das Schloss in den Hof und suchte nach dem Brunnen.

Als er ihn gefunden hatte, zog er mit bebenden Händen einen Eimer des kostbaren Wassers nach oben und goss es in den goldenen Becher, der auf dem Brunnenrand stand.

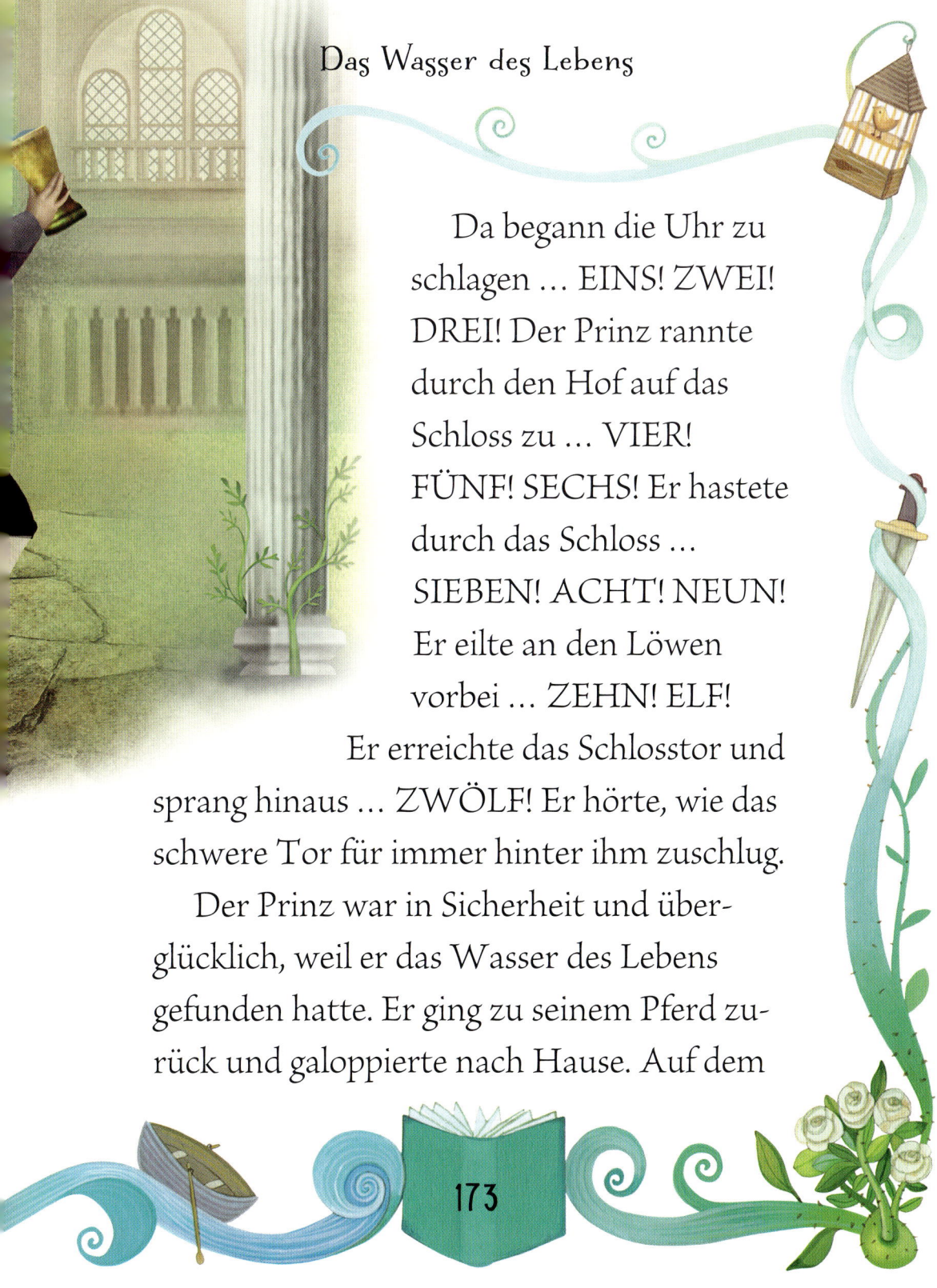

Da begann die Uhr zu schlagen … EINS! ZWEI! DREI! Der Prinz rannte durch den Hof auf das Schloss zu … VIER! FÜNF! SECHS! Er hastete durch das Schloss … SIEBEN! ACHT! NEUN! Er eilte an den Löwen vorbei … ZEHN! ELF! Er erreichte das Schlosstor und sprang hinaus … ZWÖLF! Er hörte, wie das schwere Tor für immer hinter ihm zuschlug.

Der Prinz war in Sicherheit und überglücklich, weil er das Wasser des Lebens gefunden hatte. Er ging zu seinem Pferd zurück und galoppierte nach Hause. Auf dem

Weg kam er wieder an dem Zwerg vorbei. Der Prinz bedankte sich herzlich für die große Hilfe und fragte: „Mein lieber Freund, kannst du mir vielleicht auch sagen, wo meine verlorenen Brüder sind?"

Da erzählte der Zwerg, was geschehen war, und sprach: „Sie haben ihre Lektion gelernt und werden nie wieder unverschämt sein."

Er gab den beiden Brüdern des Prinzen ihre Freiheit zurück und die drei jungen Männer ritten gemeinsam nach Hause.

Der jüngste Sohn gab seinem Vater das Wasser des Lebens und der König wurde wieder gesund. Danach ließ er ein herrliches Festmahl ausrichten, um seine wundersame Heilung zu feiern – und natürlich war der hässliche, kleine Zwerg der Ehrengast.

Häschen-braut

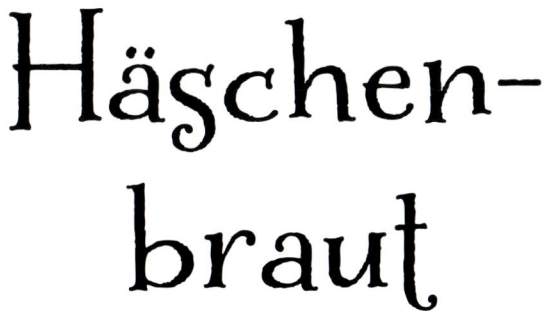

Es war einmal eine Frau, die lebte mit ihrer Tochter in einem kleinen Haus. In ihrem Gemüsegarten pflanzten sie herrliche Kohlköpfe an. Eines Tages erschien dort ein Häschen und fing an, die Kohlköpfe zu fressen. Die Frau wurde zornig und sagte ihrer Tochter: „Jag den lästigen Hasen fort!"

Da rannte das Mädchen in den Gemüsegarten und rief: „Schsch, schsch! Häschen,
friss doch nicht den ganzen Kohl!"

Das Häschen hoppelte aber nicht davon,
sondern drehte sich zu dem Mädchen um.

„Mein Kind", sagte es und zuckte mit den
seidigen, langen Barthaaren, „komm mit mir
in meinen Bau."

„Niemals!", rief das Mädchen verärgert.

Das Häschen zuckte mit den Schultern und hoppelte davon. Das Mädchen stapfte zurück ins Haus.

Am nächsten Tag kam das Häschen zurück. Das Mädchen rannte sofort wieder in den Garten und rief: „Schsch, schsch! Häschen, friss doch nicht den ganzen Kohl!"

„Nun, hast du über das, was ich dir gesagt habe, nachgedacht?", fragte das Häschen und wackelte frech mit seinem seidigen Schwanz. „Wirst du mitkommen und mit mir in meinem Bau wohnen?"

„Ganz bestimmt nicht!", rief das Mädchen.

Das Häschen zuckte wieder nur mit den Schultern und hüpfte davon. Das Mädchen stapfte zornig zum Haus zurück.

Auch am folgenden Tag war das Häschen wieder da und zum dritten Mal rannte das Mädchen in den Garten hinaus und rief: „Schsch, schsch! Häschen, friss doch nicht den ganzen Kohl!"

„Kommst du nun mit mir", sprach das Häschen und zwinkerte ihr zu, „und wohnst mit mir in meinem Bau oder nicht?"

Da hatte das Mädchen eine Idee. „Na schön", antwortete es.

Das Häschen strahlte. „Spring auf mein Schwänzchen, dann bringe ich dich dorthin", sagte es.

Das Mädchen gehorchte und sie hoppelten davon. Als sie im Bau angelangt waren, ließ das Häschen das Mädchen absteigen und sprach: „Geh an die Arbeit und bereite ein

Festmahl zu. Ich will meinen Verwandten und Freunden die guten Neuigkeiten über- bringen und sie zur Hochzeit einladen."

Da begann das Mädchen zu kochen und das Häschen hoppelte davon und ließ es allein. Sobald der Hase weg war, nahm das Mädchen Stroh und band es mit Zwirn zu einer Puppe, welche die gleiche Größe und Gestalt hatte wie es selbst. Dann zog es der Puppe seine Kleider an. Schließlich setzte das Mädchen die Puppe vor den Herd, damit es so aussah, als würde sie das Essen im Auge behalten. Dann lief das Mädchen rasch nach Hause zu seiner Mutter. Bald darauf kam das Häschen in seinen Bau zurück.

„Hallo, mein Liebchen", rief es, „wie kommst du mit allem voran?"

Es ging zum Herd und legte die Pfote auf die Strohpuppe, die es für das Mädchen hielt. Doch kaum hatte das Häschen die Puppe berührt, fiel ihr der Kopf ab und rollte über den Küchenboden davon!

„Um Himmels willen!", keuchte das Häschen entsetzt. „Ich habe sie umgebracht!"

Es hoppelte davon, so schnell es seine Beine trugen. Man erzählt sich, dass das Häschen in weiter Ferne ein neues Zuhause und eine hübsche Hasendame gefunden hat, die sehr froh war, seine Frau zu werden. Eins aber ist sicher: Die Frau, das Mädchen und ihre Kohlköpfe wurden nie wieder von irgendeinem Häschen behelligt.

Daumes-dick

$\mathcal{E}$s war einmal ein armer Holzfäller, der hatte mit seiner Frau einen winzig kleinen Sohn, der nicht größer als ein Daumen war. Aber so klein er auch war, das Paar hatte ihn sehr lieb. Daumesdick war gut und klug und half seinen Eltern, so gut er konnte.

Eines Morgens ging der Holzfäller wie immer in den Wald, um Brennholz zu schlagen. Einige Zeit später schirrte Daumesdicks Mutter das Pferd vor den Karren, den der Holzfäller brauchte, um das Holz nach Hause zu bringen. Dann hob sie den kleinen Daumesdick in das Ohr des Pferdes.

„Hü-hott!", piepste Daumesdick und das Tier setzte sich in Bewegung. Er führte das Pferd zu seinem Vater in den Wald, indem er den ganzen Weg über Befehle in das Ohr des Tiers rief. Da geschah es, dass zwei Fremde sahen, wie das Pferd den Karren durch den Wald zog.

„Wie seltsam!", sagte der eine zum anderen. „Ich sehe einen Karren fahren und höre eine leise Stimme dem Pferd Befehle erteilen,

aber ich kann keinen Menschen auf dem Karren sehen!"

Sie folgten dem Karren, bis er die Stelle erreichte, an welcher der Holzfäller arbeitete. Sie beobachteten, wie der Vater den kleinen Daumesdick aus dem Ohr des Pferds heraus- holte und auf einen Strohhalm setzte, wo dieser zufrieden sitzen blieb.

„Hast du das gesehen? Das ist ja unglaub- lich!", bemerkte einer der Fremden.

„Allerdings! Da kommt mir ein Gedanke: Wenn wir den kleinen Kerl hätten, könnten wir ihn für Geld herzeigen und so unser Glück machen", sagte der andere listig.

Da gingen die beiden Fremden zum Holzfäller und fragten ihn, was das kleine Männlein kosten solle.

Daumesdick

„Ich soll ihn verkaufen?", rief der Holzfäller entsetzt. „Das geht nicht – er ist doch
mein Sohn!"

Doch Daumesdick kroch an der Jacke
seines Vaters bis auf dessen Schulter und flüsterte ihm ins Ohr: „Ich habe eine Idee, Vater.
Verkaufe mich für so viel Geld wie möglich
und mach dir keine Sorgen. Ich verspreche
dir, dass ich bald zurückkommen werde."

Der Holzfäller vertraute seinem winzigen,
aber klugen Sohn und verkaufte ihn für einen
ganzen Beutel Goldstücke an die Fremden.
Daumesdick sagte fröhlich Lebewohl zu
seinem Vater, sprang auf den Hut des einen
Fremden und sie zogen sie los.

Als sie schon eine ganze Weile gewandert
waren, sagte Daumesdick: „Lasst mich ein

Weilchen herunter, damit ich mir die Beine vertreten kann."

Da nahm der Mann Daumesdick von seinem Hut und setzte ihn am Wegrand ab. Daumesdick rannte auf der Stelle los und war augenblicklich im dichten Unterholz verschwunden. Die Fremden suchten und suchten, aber sie konnten ihn nicht finden, weil er sich in einem Mauseloch versteckt hatte. Mürrisch und enttäuscht waren sie gezwungen, ihren Weg ohne ihn fortzusetzen.

Sobald Daumesdick sah, dass sie weg waren, kam er aus seinem Versteck gekrochen und machte sich auf den Weg zurück. Als die

Dunkelheit hereinbrach, fand er ein leeres Schneckenhaus.

„Was für ein Glück", sagte er zu sich, als er hineinkroch, „hier kann ich die Nacht sicher zubringen."

Am nächsten Morgen wachte Daumesdick früh und gut gelaunt auf und setzte seinen Heimweg fort. Er merkte viel zu spät, dass sich ein Wolf von hinten an ihn herangeschlichen hatte. Das Raubtier verschlang ihn mit Haut und Haaren! Im Bauch des Wolfes spürte Daumesdick, dass das Tier mit gewaltigen Sprüngen davonrannte. Er dachte scharf nach und schmiedete rasch einen Plan.

„Mein Freund", rief er, so laut er konnte. „Ich weiß, wo es weit köstlichere Leckerbissen als mich gibt."

Der Wolf war sehr überrascht, als er hörte, dass in seinem Bauch eine Stimme ertönte, aber er war auch neugierig.

„Erzähl mir mehr davon, wer immer du auch bist", erwiderte er.

Da beschrieb Daumesdick das Haus seiner Eltern und wo es zu finden war.

„Wenn du es findest, musst du durch das kleine Fenster in die Küche kriechen und von dort in die Speisekammer", sagte er. „Dort findest du Schinken, Ochsenfleisch, kaltes Huhn, gebratenes Schweinefleisch, Kuchen, Apfelwein und alles, was das Herz begehrt."

Daumesdick war sich sicher, dass jetzt, da seine Eltern den Beutel voller Gold hatten, ihre Vorratskammer wirklich reich gefüllt sein würde.

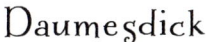

Der Wolf ließ sich das nicht zweimal sagen. Er jagte davon zum Haus des Holzfällers.

Nachts, als Daumesdicks Eltern schlafen gegangen waren und es dunkel und still im Haus war, kroch der Wolf durch das kleine Fenster in die Küche und von dort in die Speisekammer. Dort aß und trank er nach Herzenslust. Danach versuchte er, sich auf demselben Weg, wie er hereingekommen war, wieder hinauszuzwängen. Doch sein Bauch war nun so dick und voll, dass er nicht durch das kleine Fenster passte, ganz egal, wie sehr er sich auch bemühte. Genau damit hatte Daumesdick gerechnet und fing an, aus Leibeskräften zu brüllen:

„Vater! Mutter! Ich bin es, Daumesdick! Ich bin im Bauch des Wolfes in der Küche."

189

„Wirst du wohl still sein", knurrte der Wolf. Er geriet in Panik und sprang umher, so dass er mit lautem Krachen Gläser und Flaschen von den Regalen stieß und sogar noch mehr Lärm machte als Daumesdick.

Der Holzfäller und seine Frau wachten auf und schlichen hinunter, um zu sehen, was das für ein Tumult war. Sie spähten durch eine Ritze in der Tür und sahen den Wolf umherspringen. Doch der Holzfäller hatte keine Angst. Er war überglücklich, als er die Stimme seines kleinen Sohnes hörte: „Vater! Mutter! Ich bin hier – der Wolf hat mich verschlungen!"

Da riss der Holzfäller die Tür auf und schlug dem Wolf seine Axt auf den Kopf, so dass er tot umfiel. Dann schlitzte der Holz-

fäller vorsichtig den Bauch des Tieres auf und Daumesdick sprang am Leben und wohlbehalten heraus!

Da umarmten und küssten der Holzfäller und seine Frau ihren winzigen Jungen und versprachen einander, dass sie sich nie wieder trennen würden. Sie gaben ihm reichlich zu essen und zu trinken und kleideten ihn in schöne neue Kleider, denn dank Daumesdicks Klugheit brauchten sie sich um Geld keine Sorgen mehr zu machen. Daumesdick war so glücklich, dass er seine Eltern nie wieder verlassen wollte. Er fand, dass er genug von der Welt gesehen hatte, und beschloss, dass es zu Hause am schönsten war.

Der Eisenofen

In den Tagen, als das Wünschen noch geholfen hat, wurde ein Königssohn von einer alten Hexe verzaubert und musste im Wald in einem Eisenofen sitzen. Viele Jahre vergingen und niemand kam, um den Fluch zu brechen und ihn zu erlösen. Endlich kam eine Prinzessin des Weges. Sie erschrak, als sie eine Stimme hörte, die aus dem Ofen ertönte: „Hilfe! Bitte, hilf mir!", rief die Stimme.

Tapfer ging die Prinzessin zu dem Ofen.

„Wer bist du?", fragte die Stimme aus dem Ofen.

„Ich bin eine Prinzessin", erklärte die junge Frau, „aber ich habe mich in diesem Wald verlaufen und kann den Heimweg nicht mehr finden."

„Ich bin ein verzauberter Prinz", erwiderte die Stimme aus dem Inneren des Ofens. „Ich werde dir sagen, wie du nach Hause kommst. Aber du musst mir versprechen zu tun, was ich dir sage, damit der Fluch gebrochen wird und ich erlöst werde."

„Ich verspreche es", sagte die Prinzessin.

Da erklärte der Prinz der Prinzessin, dass sie mit einem Messer zurückkommen und ein Loch in das Eisen kratzen sollte. Dann beschrieb er ihr, wie sie zurück in ihr Königreich gelangen konnte, und sie rannte durch die Bäume davon.

Als die Prinzessin schließlich in ihr Schloss zurückkehrte, jubelte ihr Vater, der König. Seine Frau war vor langer Zeit gestorben und die Prinzessin war sein einziges Kind. Er hatte schon gedacht, er hätte sie auch verloren!

„Ich hätte den Heimweg nie gefunden", erklärte die Prinzessin, „wäre ich nicht einem verwunschenen Prinzen begegnet, der in einem Eisenofen sitzt. Ich habe ihm mein Wort gegeben, dass ich zurückkomme und ihn erlöse."

Der Eisenofen

Der König hatte große Angst, dass seiner Tochter etwas zustoßen könnte, wenn sie wieder in den Wald ginge, aber die Prinzessin bestand darauf.

„Ich muss mein Wort halten", sagte sie. Dann steckte sie ein Messer ein und ging in den Wald. Als sie den Eisenofen wiedergefunden hatte, begann sie zu kratzen. Bald erschien ein winziges Loch im Ofen. Zwei Stunden später war das Loch so groß, dass man hineinspähen

konnte. Sie sah einen sehr schönen jungen Mann im Ofen. Sie kratzte schneller und endlich war das Loch so groß, dass der Prinz herausklettern konnte.

„Ich danke dir von ganzem Herzen", sagte er. Dann fiel er vor ihr auf die Knie und bat die Prinzessin darum, seine Frau zu werden. Sie freute sich sehr und willigte ein. Doch bevor sie mit ihm ging, um in seinem Königreich zu leben, bat sie ihn darum, ihrem Vater Lebewohl sagen zu dürfen.

„Na schön", willigte der Prinz ein, „aber sei gewarnt – du darfst nicht mehr als drei Wörter dabei sagen!"

Die Prinzessin fand das sehr seltsam, doch sie küsste den Prinzen und versprach, an seine Mahnung zu denken. Dann eilte sie zurück nach Hause zu ihrem Vater. Dort aber hatte sie ihr Versprechen vergessen, sie sprach weit mehr als nur drei Wörter, musste sie ihrem Vater doch von dem schönen Prinzen erzählen und dass sie eingewilligt hatte, ihn zu heiraten und in sein Königreich zu ziehen. Noch während sie sprach, wehte ein verzauberter Wind durch den Wald und blies ihrem geliebten Prinzen alle Erinnerungen, die er an sie hatte, aus dem Kopf. Dann riss ihn der Wind von den Füßen und trug ihn zurück in sein Königreich.

Als die Prinzessin am nächsten Tag in den Wald zurückkehrte, war ihr Liebster nirgends zu finden. Tagelang suchte sie ihn. Sie wurde immer erschöpfter und hungriger, aber sie fand keine Spur von ihm.

Schließlich gelangte sie zu einer kleinen Hütte, die von Gras und Moos überwuchert war. Sie spähte durchs Fenster und sah ein paar Kröten am Tisch sitzen, die ein köstliches Abendbrot zu sich nahmen. Sie klopfte an die Tür und die kleinste Kröte öffnete ihr und lud sie ein, mit ihnen zu speisen. Die Prinzessin erzählte den freundlichen Tieren alles, was geschehen war, und zu ihrer Freude erklärte die fetteste Kröte, dass sie ihr helfen konnten. Sie gaben ihr eine Nuss, auf die sie gut achten sollte. Wenn sie in Not wäre, solle sie die Nuss öffnen.

Dann brachten sie sie zu einem Pfad im Wald, der zum Schloss des Prinzen führte. Die tapfere Prinzessin musste auf ihrem Weg zuerst einen hohen gläsernen Berg überwinden, danach ein Feld, auf dem Pflanzen wuchsen, deren Blätter scharf wie Schwerter waren, und zuletzt einen See, der so groß war wie das Meer. Doch schließlich erreichte sie das Schloss ihres Liebsten. Ihre Kleider waren inzwischen jedoch zerfleddert und zerlumpt und sie sah gar nicht mehr aus wie eine feine Prinzessin. Wie sollte man sie so bei Hofe empfangen und ihr erlauben, den Prinzen zu sehen? Weinend sank sie an die Mauer des Schlosses.

Doch auf einmal spürte die Prinzessin etwas Kleines, Hartes in ihrer Tasche – die magische Nuss! Sie holte sie heraus und knackte sie mit den Zähnen. In ihrem Inneren war ein wunder-

schönes Kleid, verziert mit feiner Spitze und Perlen. Überglücklich zog die Prinzessin das Kleid an, das so wunderbar passte, als sei es nur für sie geschneidert worden.

Dann klopfte sie ans Schlosstor und als die Diener die fein gekleidete Dame erblickten, hießen sie sie sofort willkommen und führten sie ins Schloss. Sobald der Prinz sie ansah, erinnerte er sich wieder an sie und sprang auf, um sie zu küssen.

Von diesem Augenblick an waren die beiden unzertrennlich. Sie ließen auch den Vater der Prinzessin, den alten König, holen, damit er nicht allein leben musste. Gemeinsam lebten sie alle noch viele Jahre glücklich und zufrieden.

Die zertanzten Schuhe

Es war einmal ein König, der hatte zwölf Töchter, von denen war eine schöner als die andere. Jeden Abend zogen sie sich in ihr gemeinsames Schlafgemach zurück und der König verriegelte die Tür. Doch es war seltsam: Am nächsten Morgen hatten

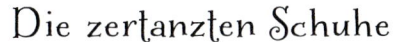

alle Schuhe Löcher in den Sohlen, als hätten die Prinzessinnen die ganze Nacht getanzt.

Weder der König noch seine klügsten Berater hatten eine Ahnung, wie das zuging. Aber Morgen für Morgen war es das Gleiche: Neben jedem der zwölf Betten stand ein Paar zertanzter Schuhe.

Schließlich schickte der König Boten durch das Land, die verkündeten, dass derjenige, der herausfände, was da vor sich ging, die Prinzessin heiraten dürfe, die ihm am besten gefiele. Wer es jedoch versuchte und nicht hinter das Geheimnis kam, der würde aus dem Königreich verbannt und dürfte nie wieder zurückkehren.

Viele Prinzen, Herzöge, Grafen und Ritter kamen von nah und fern, um ihr Glück zu

versuchen. Jede Nacht wurde einer von ihnen mit den Prinzessinnen im Schlafgemach eingeschlossen. Er sollte wach bleiben und herausfinden, was geschähe. Doch jeder der jungen Männer schlief ein. Jedes Mal waren am Morgen alle zwölf Paar Schuhe zertanzt und die Männer war nicht klüger als zuvor. Viele unglückliche Kandidaten wurden so für immer aus dem Königreich verbannt.

Die Zeit verging und es kamen immer weniger Männer, um herauszufinden, wo die Töchter in der Nacht tanzten. Eines Tages kam ein Soldat auf der Rückkehr von einer großen Schlacht durch das Königreich. Auf der Straße begegnete er einer alten Frau und bot ihr an, ihren schweren Korb zu tragen. Die Alte freute sich sehr und erzählte ihm vom König und seinen Töchtern. Der Soldat meinte: „Natürlich hätte ich Lust, herauszufinden, wo die Prinzessinnen ihre Schuhe zertanzen, und hinterher eine von ihnen zur Frau zu bekommen."

„Hör mir gut zu", sagte die alte Frau. „Am Abend wird dir eine der Prinzessinnen einen Becher Wein bringen. Tu nur so, als würdest du davon trinken, und dann gib vor, du wärst tief und fest eingeschlafen."

Sie holte einen Umhang aus ihrem Korb, gab ihn ihm und sagte: „Wenn du den überwirfst, wirst du unsichtbar. Du wirst sehen können, was die Prinzessinnen tun, ohne selbst gesehen zu werden."

Der Soldat dankte der alten Frau vielmals und machte sich auf den Weg zum Schloss.

Dort wurde er herzlich willkommen geheißen. Am Abend wurde er zum Schlafgemach der Prinzessinnen gebracht und der König verriegelte hinter ihm die Tür.

Genau wie die alte Frau gesagt hatte, brachte eine der schönen Prinzessinnen dem Soldaten einen Kelch Wein. Der Soldat erinnerte sich daran, was er tun sollte, und schüttete den Wein weg, als niemand hinsah. Dann legte er sich auf ein

Sofa, tat, als wäre er in tiefen Schlaf gefallen, und begann, laut zu schnarchen. Die zwölf Prinzessinnen kicherten.

Anstatt sich in ihre Betten zu legen, tauschten sie ihre Schlafgewänder gegen ihre schönsten Kleider und Schuhe. Dann trat die älteste Prinzessin an ihr Bett und klatschte in die Hände. Das Bett flog zur Decke hinauf und darunter kam eine Falltür zum Vorschein, die aufsprang. Fröhlich sprangen die Prinzessinnen eine nach der anderen hinein.

Als das Schlafgemach leer war, stand der Soldat auf und hüllte sich in den Umhang, den die alte Frau ihm geschenkt hatte. Staunend blickte er in einen der vielen Spiegel im Zimmer: Er war vollkommen unsichtbar, genau wie die alte Frau gesagt hatte. Schnell und leise folgte er den Prinzessinnen durch die Falltür. Er stieg eine steile, von Lampen erleuchtete Treppe hinab.

Unten trat er ins Tageslicht und ein herrlicher, silberner See glitzerte unter einem blassblauen Himmel. Er sah, dass jede der Prinzessinnen in einem Boot mit einem Prinzen saß, und sprang in letzter Sekunde zur jüngsten ins Boot. Die Prinzen ruderten die Königstöchter über das Wasser zu einer Insel in der Mitte des Sees, auf der ein wunderschönes Schloss lag. Drinnen war ein großer Saal für einen herrlichen Ball geschmückt. Es gab Laternen und Blumen und sogar einen Hain aus glitzernden, goldenen Bäumen. Der Soldat hatte noch nie zuvor goldene Bäume gesehen

und streckte die Hand aus, um einen kleinen Zweig abzubrechen und unter seinem Mantel zu verstecken. KNACK!

Die jüngste Prinzessin hörte das Geräusch und sagte zu ihren Schwestern: „Habt ihr das gehört? Was war das? Glaubt ihr, es ist uns jemand gefolgt?"

Doch die älteste Prinzessin sagte: „Sei nicht töricht, das waren Freudenschüsse, weil unsere verwunschenen Prinzen bald erlöst sein werden." Mit diesen Worten ging sie in den Saal und ihre Schwestern folgten ihr. Im Ballsaal tanzten die Prinzessinnen mit ihren Prinzen die ganze Nacht – und der Soldat tanzte unsichtbar mit ihnen!

Um drei Uhr morgens hatten die zwölf Schwestern so viel getanzt, dass ihre Schuhe ganz zertanzt waren. Die Prinzen ruderten die Königstöchter zurück, der Soldat sprang diesmal ins erste Boot, in dem die älteste Prinzessin saß. So konnte er am anderen Ufer als Erster aus dem Boot springen. Er lief rasch voran und stieg, so schnell ihn seine Füße trugen, die Treppe zum Schlafgemach hinauf.

Währenddessen verabschiedeten sich die Prinzessinnen müde, aber fröhlich von ihren

Prinzen und versprachen, am nächsten Abend wiederzukommen.

Als sie kurz darauf in ihr Schlafgemach zurückkehrten, lag der Soldat schon wieder auf dem Sofa, so wie sie ihn verlassen hatten, und schlief scheinbar tief und fest.

Natürlich wurden am nächsten Morgen die Schuhe der Prinzessinnen untersucht und wieder waren sie völlig zertanzt und voller Löcher. Der Soldat wurde zum König gebracht und die zwölf Prinzessinnen standen lauschend hinter der Tür, um zu hören, was er zu sagen hatte.

Der König fragte den Soldaten mit matter Stimme: „Nun, kannst du mir sagen, warum meine Töchter jeden Morgen zertanzte Schuhe haben?"

An dieser Stelle hatten die anderen jungen Männer immer begonnen zu murmeln und zu stottern, aber das war bei dem Soldaten ganz und gar nicht der Fall. Stattdessen erzählte er dem König, wie die Prinzessinnen die ganze Nacht getanzt hatten.

Der König sah den Soldaten finster an, er konnte die Geschichte einfach nicht glauben. Er wollte ihm gerade vorwerfen, dass er sich die ganze Sache ausgedacht hätte, da zog der Soldat als Beweis für sein Abenteuer den kleinen, goldenen Zweig aus der Tasche! Er glitzerte und funkelte im Morgenlicht und der König untersuchte ihn sorgfältig. So etwas hatte er noch nie zuvor gesehen.

Er rief die Prinzessinnen herbei. Sie staunten nicht schlecht, dass der Soldat

hinter ihr Geheimnis gekommen war. Und sie gaben zu, dass er die Wahrheit gesagt hatte. Da blieb dem König nur noch, den Soldaten zu fragen, welche der Prinzessinnen er zur Frau haben wollte. Er wählte die älteste Königstochter – schließlich war er ja selbst nicht mehr der Jüngste.

Noch am selben Tag wurde die Hochzeit gefeiert und dem Soldaten wurde versprochen, dass er nach dem Tod des Königs das Königreich bekommen sollte. Die zwölf Prinzen jedoch wurden so viele Tage länger verwünscht, wie sie Nächte mit den Prinzessinnen getanzt hatten.

214

DAS KLEINE VOLK

Rumpel-
stilzchen

Vor langer Zeit lebten einmal ein
Müller und seine Tochter. Sie waren
sehr arm und die Leute blickten auf sie herab.
Das ärgerte den Müller sehr und um sein
Ansehen zu erhöhen, erzählte er eines Tages
eine angeberische Lügengeschichte über seine
Tochter.

„Meine Tochter kann Stroh zu Gold spinnen!", prahlte er.

Seine Angeberei verbreitete sich wie ein Lauffeuer und bald erfuhr der König davon.

„Das will ich mit eigenen Augen sehen!", rief er. „Bringt das Mädchen morgen in meinen Palast!"

Die Müllerstochter musste gehorchen und erschien am nächsten Tag ängstlich im Palast. Zu ihrem Entsetzen brachte sie der König in eine Kammer, die bis zur Decke mit Stroh gefüllt war. Dort stand auch ein Spinnrad und der König sagte zu ihr: „Wenn du bis morgen früh dieses Stroh nicht zu Gold versponnen hast, musst du sterben."

Er ging hinaus, schloss die Kammer ab und ließ die Müllerstochter allein. Diese war zwar

nicht nur schön, sondern auch klug, aber sie
wusste beim besten Willen nicht, wie man
Stroh zu Gold spinnen konnte, und deshalb
fing sie an zu weinen.

Da ging auf einmal die Tür auf und ein
kleines Männlein kam herein.

„Guten Abend, Jungfer Müllerin", sagte es.
„Warum weinst du?"

„Ich muss Stroh zu Gold spinnen und ich
habe keine Ahnung, wie ich das anstellen
soll", schluchzte die Müllerstochter.

„Was gibst du mir, wenn ich es für dich
mache?", fragte das Männlein.

Die Müllerstochter dachte rasch nach.
„Mein Armband!", rief sie.

Das Männlein nickte und nahm das Armband. Dann setzte es sich an das Spinnrad

und – schnurr, schnurr, schnurr – spann
die ganze Nacht. Am Ende war alles Stroh
versponnen und Spulen voll purem Gold be-
deckten den Boden. Dann ging das Männlein
hinaus und die Tür schloss sich hinter ihm.

Bei Tagesanbruch kam der König. Als er
das Gold sah, war er erstaunt und freute sich.
Doch es machte ihn auch gierig. Er brachte
die Müllerstochter in eine andere Kammer,
die noch größer war, und auch darin stapelte
sich das Stroh bis zur Decke.

„Nun wollen wir sehen, ob du auch das
schaffst", sagte der König. „Wenn es dir nicht
gelingt, musst du sterben."

Er ging hinaus und schloss die Tür zu.
Wieder sank das arme Mädchen zu Boden
und fing an zu weinen. Da öffnete sich erneut

die Tür und das seltsame Männlein trat wieder ein.

„Was gibst du mir, wenn ich dir noch einmal helfe?", fragte es.

„Den Ring an meinem Finger", bot das Mädchen an.

Das Männlein grinste und nahm den Ring. Dann setzte es sich wieder ans Spinnrad und um Mitternacht war alles Stroh versponnen und die Spulen voll glitzerndem Gold.

Als der Tag anbrach, kam der König. Er freute sich über alle Maßen! Doch dann brachte er die Müllerstochter in eine noch größere Kammer, die mit noch mehr Stroh angefüllt war. Dieses Mal sagte er: „Spinne all dieses Stroh bis zum Morgen zu Gold, dann werde ich dich zur Frau nehmen. Doch wenn es dir nicht gelingt, musst du sterben." Dann ging er hinaus.

Die Müllerstochter war verzweifelt. Bestimmt würde das seltsame Männlein nicht auch noch ein drittes Mal auftauchen und ihr helfen. Aber es kam! Wieder öffnete sich einfach die Tür und es spazierte herein.

„Was gibst du mir dieses Mal?", fragte es.

Die Müllerstochter ließ den Kopf hängen.

„Ich habe nichts mehr, was ich dir geben könnte", sagte sie verzweifelt. Da glitzerten die Augen des Männleins.

„Versprich mir", sagte es, „dass du mir dein erstgeborenes Kind schenkst, wenn du Königin bist."

Die Müllerstochter hatte keine Wahl. Gäbe sie dem seltsamen Männlein das

Versprechen nicht, würde das ihren Tod bedeuten. Schweren Herzens sagte sie: „Ich verspreche es", und der kleine Mann setzte sich augenblicklich hin und verspann alles Stroh zu Gold.

Als am nächsten Morgen der König kam, traute er seinen Augen kaum. Er küsste die Müllerstochter und am nächsten Tag vermählte er sich mit ihr. Der Königin gefiel ihr neues Leben an der Seite des Königs. Etwa ein Jahr später brachte sie ein schönes Kind zur Welt und ihr Glück war vollkommen.

Doch dann tauchte das seltsame Männlein plötzlich wieder auf und sagte: „Gib mir, was du mir versprochen hast."

Die Königin hatte das Männlein ganz vergessen und war entsetzt.

„Nein!", sagte sie klagend. „Ich werde dir alle Reichtümer des Königreichs schenken, aber bitte, lass mir mein Kind!"

„Reichtümer habe ich genug", sagte das Männlein und schüttelte den Kopf. „Ich will das Kind."

Da begann die Königin so herzzerreißend zu weinen, dass das Männlein doch Mitleid mit ihr bekam.

„Ich gebe dir drei Tage", sagte es. „Wenn du bis dahin meinen Namen errätst, darfst du dein Kind behalten." Dann verschwand es so plötzlich, wie es gekommen war.

Die Königin versuchte, sich an alle Namen zu erinnern, die sie je gehört hatte. Als am nächsten Abend das Männlein wieder erschien, nannte sie nacheinander alle: „Heißt

du vielleicht Kaspar? Melchior? Balthasar?"
Sie zählte wirklich alle Namen auf, die ihr
einfielen. Doch das Männlein antwortete
jedes Mal: „Das ist nicht
mein Name."
Als die Königin alle
Namen genannt hatte,
die sie kannte, kicherte
es nur und verschwand.
Am Morgen schickte die
Königin Boten aus,
um nach weiteren
Namen zu for-
schen. Als das Männlein
wieder erschien, konnte sie
noch einige weitere
Namen vorschlagen.

„Heißt du vielleicht Rippenbiest?", fragte sie. „Oder Hammelwade? Oder Schnürbein?" Und so ging es eine Zeit lang weiter.

Doch immer antwortete das Männlein: „Das ist nicht mein Name."

Als die Königin auch mit ihrer neuen Liste am Ende war, lachte es und verschwand. Die Königin war verzweifelt und weinte. Nicht lange, bevor das Männlein zum dritten und letzten Mal erscheinen sollte, kam jedoch ein Bote zum Palast und berichtete der Königin: „Ich wanderte umher, bis ich zu einem Berg kam, auf dem ein kleines Haus stand. Vor dem Haus brannte ein Lagerfeuer und um das Feuer herum tanzte das lächerlichste kleine Männlein, das ich je gesehen habe. Es sang ein seltsames Liedchen, das ging so:

‚Heute back' ich, morgen brau' ich,
übermorgen hol' ich der Königin ihr Kind!
Ach, wie gut, dass niemand weiß,
dass ich Rumpelstilzchen heiß!'"

Die Königin war außer sich vor Freude, als sie das hörte. Als das Männlein bald darauf wieder erschien, war sie ganz ruhig.

„Ist dein Name vielleicht …" Sie tat, als würde sie nachdenken. „Kann es möglicherweise sein, dass du … Wäre es möglich, dass du … RUMPELSTILZCHEN heißt?"

„Das hat dir der Teufel gesagt!", schrie das Männlein und hüpfte wütend auf und ab. In seinem Zorn stampfte es so wild auf, dass sich der Boden unter seinen Füßen öffnete und es verschluckte. Rumpelstilzchen wurde danach nie wieder gesehen.

Die Wassernixe

Vor langer Zeit spielte in einem
fernen Land ein Geschwisterpaar an
einem Brunnen. Sie jagten im Sonnenlicht
hintereinander her, bis das Mädchen
stolperte und in den Brunnen fiel. Ihr Bruder
wollte sie noch festhalten, verlor dabei aber

das Gleichgewicht und fiel ebenfalls hinein. Unglücklicherweise hauste dort unten eine böse Wassernixe. Sie freute sich, als die beiden Kinder mit einem Platsch ins Wasser fielen, und packte sie.

„Jetzt hab ich euch", sagte sie. „Nun werdet ihr hier unten bei mir wohnen und all die harte Arbeit verrichten." Damit zog die Wassernixe die beiden Geschwister zum Grund des Brunnens.

Die Kinder waren erstaunt, als sie merkten, dass die Welt unten im Brunnen ähnlich war wie die Welt, die sie oben hinter sich gelassen hatten. Die Wassernixe schleppte die beiden zu ihrem Haus und befahl ihnen zu arbeiten. Der Junge musste mit einer viel zu stumpfen Axt Bäume fällen, um Feuerholz

daraus zu machen. Das
Mädchen musste sich ans
Spinnrad setzen und mit
wirrem, schmutzigem
Flachs spinnen.

Dann mussten sie
Wasser für das Haus
holen, doch die Eimer,
welche die Wassernixe
ihnen gab, hatten
Löcher. Das Einzige,
was sie zu essen
bekamen, waren
steinharte
Klöße. Sie
waren sehr
unglück-

lich! Sie waren müde, hungrig und vermissten ihr Zuhause und ihre Familie schrecklich.

Dann endlich bot sich den Kindern eine Gelegenheit zu fliehen. An einem Sonntag zog sich die Wassernixe ihre besten Kleider an und ging eine Freundin besuchen. Sobald sie über den Hügel verschwunden war, fassten sich die Geschwister an den Händen und rannten davon, so schnell ihre Füße sie trugen.

Als die Wassernixe von ihrem Besuch zurückkehrte und entdeckte, dass ihre Diener verschwunden waren, wurde sie zornig. Sie knurrte, bleckte die Zähne und setzte ihnen mit großen Sprüngen nach.

Der Junge und das Mädchen spürten, wie die Erde bebte, und blickten sich um. Da kam die Wassernixe! Schnell wie der Blitz zog das Mädchen seine Haarbürste aus der Tasche und warf sie hinter sich auf den Boden.

Während die Kinder weiterrannten, wuchs und wuchs die Haarbürste, bis sie sich in einen Hügel verwandelte. Er war mit spitzen Stacheln bedeckt, die der Wassernixe den Weg versperrten.

Die Wassernixe brüllte vor Zorn. Mühsam kletterte sie über den Hügel und obwohl unzählige spitze Stacheln sie stachen, war sie nicht aufzuhalten.

Wieder hörten die beiden Kinder, wie die Wassernixe näher kam und dabei die ganze Zeit brüllte und fluchte. Da zog der Junge seinen Kamm aus der Tasche und warf ihn über seine Schulter nach hinten.

Während sie weiterrannten, wuchs und wuchs der Kamm, bis er sich in einen steilen Felsen verwandelte, der von einem Wald aus nadelspitzen Speeren bedeckt war.

Die Wassernixe heulte und kreischte vor Wut. Ganz langsam kroch sie über die Speere, um sie herum und zwischen ihnen hindurch und obwohl sie sie von allen Seiten schmerzhaft stachen, war sie auch diesmal nicht aufzuhalten.

Bald spürten die Kinder wieder ihren keuchenden Atem wie heißen Wind im Nacken. Sie suchten in ihren Taschen, aber alles, was sie noch hatten, war der Taschenspiegel des Mädchens. Das Mädchen warf ihn so weit es konnte hinter sich. Während die Kinder weiterrannten, wuchs und wuchs der Taschenspiegel, bis er sich in einen Berg verwandelte, der ganz aus Glas bestand. Er war so glatt, dass die Wassernixe ihn unmöglich überwinden konnte. Es blieb ihr nichts anderes übrig, als nach Hause zu gehen und ihre Axt zu holen, um den Glasberg in Stücke zu schlagen.

Die Kinder rannten unterdessen immer weiter. Bis die

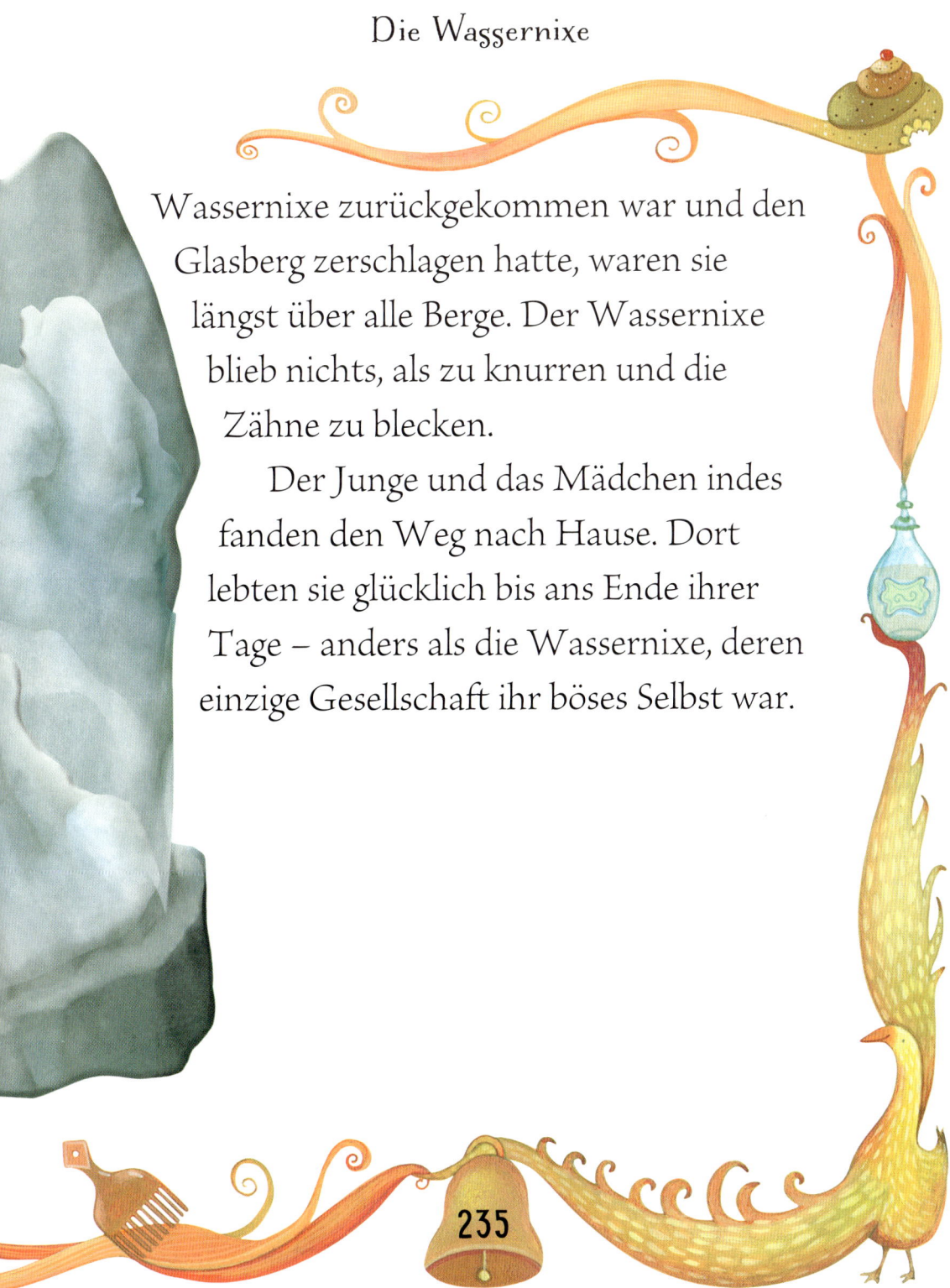

Wassernixe zurückgekommen war und den Glasberg zerschlagen hatte, waren sie längst über alle Berge. Der Wassernixe blieb nichts, als zu knurren und die Zähne zu blecken.

Der Junge und das Mädchen indes fanden den Weg nach Hause. Dort lebten sie glücklich bis ans Ende ihrer Tage – anders als die Wassernixe, deren einzige Gesellschaft ihr böses Selbst war.

Der
junge
Riese

Ein Bauer und seine Frau hatten
einen Sohn, der nicht größer war als der
Daumen des Bauern. Eines Tages, als Vater
und Sohn auf dem Feld arbeiteten, kam ein
alter Riese über die Hügel gestapft. Er bückte
sich und hob den Däumling auf. Er betrach-

tete ihn von allen Seiten, untersuchte ihn
eingehend und ging dann, ohne ein Wort zu
sagen, mit dem Jungen davon. Der Bauer war
entsetzt, doch er konnte nichts tun, um den
Riesen aufzuhalten. Mit gebrochenem
Herzen sank er auf die Erde und dachte, dass
er seinen Sohn nie wiedersehen würde.

Der alte Riese tat dem Jungen aber nichts
zu Leide. Im Gegenteil, er nahm ihn mit nach
Hause, gab ihm zu essen und sorgte gut für
ihn. Die Zeit verging und der Däumling
wurde größer und stärker.

Als zwei Jahre vergangen waren, war er
so groß wie ein junger Riese, was den alten
Riesen sehr freute. Er beschloss, den Jungen
mit in den Wald zu nehmen, um sein
Können zu testen.

„Zieh dir eine Gerte heraus", sagte er.

Der Junge war so stark geworden, dass er einen jungen Baum samt der Wurzel ausriss!

Der alte Riese dachte: „Das wird bestimmt noch besser."

Er sorgte noch einmal zwei Jahre für den Jungen und nahm ihn wieder mit hinaus in den Wald. Dieses Mal war der Junge so viel größer und stärker, dass er einen riesigen alten Baum aus der Erde reißen konnte.

„Hmm", sagte der alte Riese und dachte: „Das wird bestimmt noch besser."

Deshalb sorgte er noch einmal zwei Jahre für den Jungen und nahm ihn dann erneut mit hinaus in den Wald.

„Nun zieh einen passenden Stock für mich heraus", bat er ihn.

Der junge Mann riss die dickste Eiche im ganzen Wald aus. Da strahlte der alte Riese.

„So ist es gut!", sagte er und zeigte dem Jungen den Weg zurück zu dem Feld, auf dem er ihn sechs Jahre zuvor gefunden hatte.

Auch an diesem Tag arbeitete dort der Vater des Jungen und pflügte den Boden. Er erschrak, als er wieder einen Riesen auf sich zukommen sah, wenn der diesmal auch viel jünger war.

„Guten Tag, Vater", dröhnte der junge Riese. „Sieh dir nur an, was für ein prachtvoller Bursche aus mir geworden ist."

„Du bist nicht mein Sohn", erwiderte der Vater. „Das kann nicht sein!"

„Doch, ich bin es", beharrte der junge Riese. „Geh nach Hause und ich pflüge das

Feld für dich. Sag Mutter, sie soll Essen für mich kochen, ich komme bald nach."

Da ging der Vater kopfschüttelnd und vor sich hin murmelnd davon, während der Junge die Pferde losmachte, sich selbst vor den Pflug spannte und das Feld in nur fünf Minuten gepflügt hatte. Dann ging er nach Hause.

„Wer ist dieser schrecklich große Mann?", flüsterte die Mutter dem Vater zu, als der junge Riese den Hof betrat.

„Er sagt, er sei unser Sohn", flüsterte der Vater zurück.

„Wie kann das sein?", rief die Mutter. „Unser Sohn war ein winziges, kleines Ding!"

Sie brachte dem jungen Riesen zwei riesige Schüsseln voller Essen, von denen sie und ihr Mann eine Woche lang satt geworden wären.

Der junge Riese

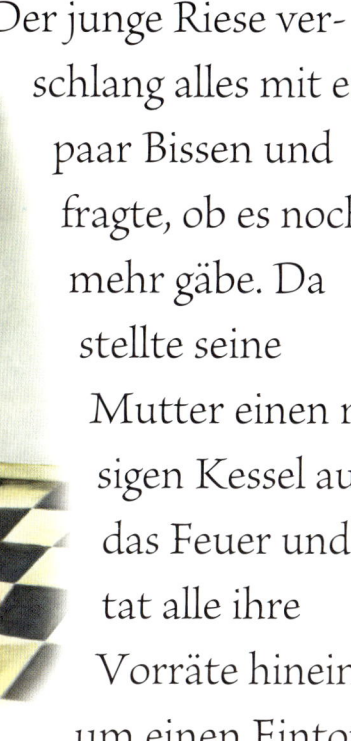

Der junge Riese ver-
schlang alles mit ein
paar Bissen und
fragte, ob es noch
mehr gäbe. Da
stellte seine
Mutter einen rie-
sigen Kessel auf
das Feuer und
tat alle ihre
Vorräte hinein,
um einen Eintopf
zu kochen. Der junge
Riese verschlang alles und fragte: „Was hast
du sonst noch im Haus, Mutter?"

„Nichts", erwiderte sie verärgert, „das war
alles, was wir hatten."

„Aber ich habe immer noch Hunger", murrte der riesige Junge und ihm wurde klar, dass er zu groß geworden war, um weiterhin zu Hause zu wohnen.

„Vater", sagte er, „ich sehe nun ein, dass ich euch um Haus und Hof essen würde, wenn ich weiterhin hier wohnen bliebe, und das geht nicht. Ich will in die Welt hinausgehen, um mein Glück zu suchen."

Am nächsten Tag sagte der junge Riese seinen Eltern Lebewohl, nahm die dickste Eisenstange als Stock mit, die er finden konnte, und machte sich auf den Weg.

Der junge Riese wanderte über Berg und Tal und gelangte schließlich zu einem prächtigen Bauernhof, auf dem ein Großknecht gebraucht wurde. Der junge Riese bot seine

Der junge Riese

Dienste an und der Bauer und seine Frau freuten sich, dass ein so großer, starker Mann für sie arbeiten wollte.

„Was willst du als Bezahlung?", fragte ihn der Bauer.

Zu seinem großen Erstaunen erwiderte der Riese: „Nichts …, nur lasst mich euch beide jeweils einmal schlagen, wenn ich ein Jahr lang für euch gearbeitet habe."

Der Bauer und seine Frau hielten den seltsamen Handel für einen Scherz.

„Na schön", willigten sie lachend ein und dachten nicht weiter darüber nach.

Am nächsten Tag sollte für den jungen Riesen die Arbeit beginnen. Früh am Morgen machten sich alle Knechte bereit, in den Wald zu gehen.

„Steh auf!", sagten sie zu dem jungen Riesen. „Du bist unser neuer Großknecht und liegst immer noch im Bett."

Doch er antwortete nur: „Tut, was ihr wollt. Ich werde meine Arbeit schneller erledigt haben als ihr alle."

Die Arbeiter machten sich auf den Weg in den Wald und der junge Riese blieb noch vier Stunden im Bett. Dann stand er auf und verzehrte gemütlich ein riesiges Frühstück und ein Weilchen später ein riesiges Mittagessen. Erst danach stapfte er gemächlich zu den anderen Knechten in den Wald.

Die Knechte führten bereits die Pferde nach Hause. Diese zogen Karren voller

Der junge Riese

Holzscheite, welche die Knechte geschlagen hatten. Doch der junge Riese machte sich keine Sorgen. Er riss einfach die Bäume aus dem Boden, warf sie wie Streichhölzer auf einen Karren und zog diesen viel schneller zurück zum Bauernhof, als es ein Pferd vermocht hätte. Unterwegs überholte er sogar noch die anderen Knechte.

Natürlich freute sich der Bauer sehr über den ersten Arbeitstag des jungen Riesen.

„Siehst du", sagte er zu seiner Frau, „selbst wenn er fast den ganzen Tag im Bett liegt, ist er immer noch vor den anderen mit seiner Arbeit fertig."

So diente der junge Riese dem Bauern ein ganzes Jahr lang und als alle Knechte ihren Lohn erhielten, war es an der Zeit, dass er seine zwei Schläge austeilen durfte.

„Steh still", sagte er zu dem Bauern.

Der Bauer grinste und tat, wie ihm geheißen. Da schlug der junge Riese ihn mit solcher Kraft, dass der Bauer hoch in die Luft flog und nicht wieder herunterkam.

Der junge Riese

„Was ...?", rief die Bauersfrau entsetzt, doch bevor sie den Satz zu Ende bringen konnte, nahm sich der junge Riese den zweiten Teil seiner Bezahlung und schlug sie ebenfalls in den Himmel.

Man weiß nicht, ob sie zusammen mit ihrem Mann noch immer da oben schwebt. Aber man weiß sehr wohl, dass der junge Riese den Bauernhof übernahm und zum reichsten und glücklichsten Mann weit und breit wurde.

Die Wichtel- männer

Es war einmal ein sehr armer Schuster. Eines Tages hatte er gerade noch so viel Leder, dass es für ein einziges Paar Schuhe reichte. An diesem Abend saß er traurig an seiner Werkbank, zeichnete das Schnittmuster für die Schuhe auf das Leder und schnitt die Teile aus.

Die Wichtelmänner

„Ich werde sie morgen früh zusammen-
nähen", seufzte er. „Weiß der Himmel, was
aus mir werden soll, wenn sie fertig und ver-
kauft sind."

Dann schlurfte er zu seinem
Bett. Am nächsten Morgen
ging der Schuster zurück
in seine Werkstatt und
staunte nicht schlecht, als
er sah, dass die beiden Schuhe
fertig auf dem Tisch standen.

Er blinzelte, rieb sich die
Augen und zwickte sich,
aber es war kein
Traum, die Schuhe
waren immer noch
da. Der Schuster wusste

nicht, was er davon halten sollte. Staunend nahm er die Schuhe in die Hand und drehte sie vorsichtig nach allen Seiten. Sie waren so ordentlich gearbeitet, dass man die Stiche kaum sehen konnte. Es war tatsächlich das schönste Paar Schuhe, das er je gesehen hatte.

Der Schuster seufzte und kratzte sich am Kopf. Noch immer ganz verwirrt stellte er die Schuhe ins Schaufenster und machte seinen Laden auf.

Er brauchte nicht lange zu warten, da kam eine Frau herein, die diese Schuhe unbedingt haben wollte. Sie zahlte dem Schuster einen sehr guten Preis dafür. Der konnte sein Glück kaum fassen, denn jetzt hatte er genug Geld, um Leder für weitere zwei Paar Schuhe zu kaufen!

Am selben Abend setzte er sich an die Werkbank, übertrug die Schnittmuster auf das Leder, schnitt die Teile aus und bereitete alles vor, um die Schuhe am nächsten Morgen fertigstellen zu können.

Doch als er am nächsten Tag in seine Werkstatt kam, waren die Schuhe zu seiner Überraschung schon fertig und sie waren genauso fein wie das Paar vom Vortag.

Draußen vor der Ladentür warteten inzwischen bereits Leute, denn die Kunde von dem ersten Paar wunderschöner Schuhe hatte sich in Windeseile verbreitet. Deshalb verkaufte der Schuster auch die beiden neuen Paare rasch zu einem guten Preis und hatte damit genug Geld, um Leder für vier Paar Schuhe zu kaufen.

DAS KLEINE VOLK

Am Abend zeichnete er wieder die Teile
auf und schnitt sie aus und am nächsten Tag
standen die Schuhe fertig in der Werkstatt.
So ging es nun Tag für Tag weiter, bis die
Geschäfte des Schusters wieder so gut liefen,
dass er ein reicher Mann wurde.

Eines Abends sagte der Schuster zu seiner
Frau: „Lass uns heute Nacht aufbleiben, um
endlich zu sehen, wer kommt und uns hilft."

Die Frau des Schusters hielt das für eine
großartige Idee. Die beiden ließen eine Kerze
in der Werkstatt brennen und versteckten
sich hinter einem Vorhang. Dann lugten sie
dahinter hervor und warteten.

Um Mitternacht kamen zwei winzige
Männlein in die Werkstatt geschlichen. Sie
waren kleiner als der kleine Finger des

Schusters und trugen einfache, schäbige Kleider und Mützen. Sie setzten sich an die Werkbank des Schusters, nahmen alle Lederstücke, die dort lagen, und begannen zu steppen, zu nähen und zu hämmern. Sie waren so geschickt und flink, dass der Schuster und seine Frau ihren Blick nicht mehr abwenden konnten. Die kleinen Männlein hörten erst auf, als das ganze Leder zu großartigen Schuhen verarbeitet war. Dann rannten sie in die Nacht hinaus.

Da sagte die Schustersfrau: „Diese kleinen Männlein haben uns reich gemacht, dafür sollten wir ihnen wirklich danken. Ist dir aufgefallen, wie schäbig ihre Kleider waren? Ich sage dir, was wir tun sollten: Ich nähe ihnen neue Hemdchen, Mäntelchen, Westchen

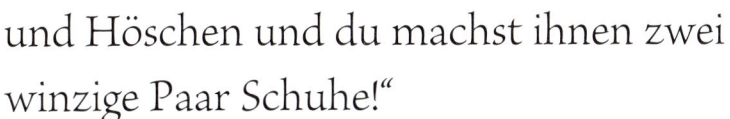

und Höschen und du machst ihnen zwei winzige Paar Schuhe!"

So machten sie es und ein paar Abende später, als alles fertig war, legten sie ihre Geschenke auf die Werkbank und versteckten sich hinter dem Vorhang.

Um Mitternacht kamen die winzigen Männlein wie immer hereingeschlichen – und ach, wie waren sie glücklich, als sie ihre neuen Kleider erblickten! Sie zogen sie eilig an und tanzten vor Freude.

Dann hüpften die beiden Männlein in die Nacht hinaus und der Schuster und seine Frau sahen sie nie wieder. Doch sie brauchten sie auch nicht mehr, denn von nun an glückte ihnen alles, was sie anfingen.

Frau Holle

Es war einmal eine Witwe, die hatte eine Tochter und eine Stieftochter. Ihre Tochter war hässlich und faul, während ihre Stieftochter hübsch und fleißig war. Die Frau liebte jedoch ihre eigene Tochter mehr, weshalb sie zu ihrer Stieftochter garstig war und

sie alle schweren Arbeiten im Haus verrichten ließ, während es sich ihre eigene Tochter gemütlich machte.

Eines Tages musste die Stieftochter so lange am Spinnrad Wolle spinnen, dass ihre Finger bluteten. Ein Tropfen Blut fiel auf die Spule und das Mädchen eilte zum Brunnen, um das Blut abzuwaschen. Als es die Spule ins Wasser tauchte, glitt sie ihm aus der Hand und fiel in den Brunnen.

Das Mädchen bekam große Angst! Es wagte nicht, ohne die Spule nach Hause zu kommen, denn es wusste, dass seine Stiefmutter es deswegen schlagen würde. Es wusste auch, dass es sein Leben lassen könnte, wenn es in den Brunnen spränge und versuchte, die Spule herauszuholen, aber das

Mädchen beschloss, es trotzdem zu tun.

Also holte es tief Luft und sprang hinein. Es fiel lange und im Wasser ging es immer weiter abwärts, bis das Mädchen ohnmächtig wurde und um es herum alles in Schwärze versank. Als es wieder zu sich kam, lag es auf einer sonnigen Wiese. Verwirrt stand es auf und begann, sich umzusehen.

Nach einer Weile gelangte es zu einem Backofen, der voller Brot

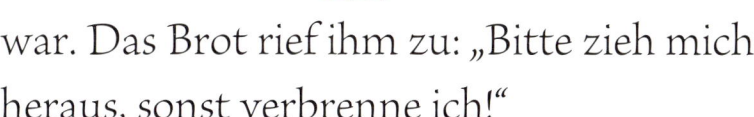

war. Das Brot rief ihm zu: „Bitte zieh mich heraus, sonst verbrenne ich!"

Also beeilte sich das Mädchen, die Brotlaibe zu retten. Es ging weiter und gelangte zu einem Baum, der voller Äpfel hing. Der Baum rief ihm zu: „Bitte schüttle mich, meine Äpfel sind alle reif!"

Also schüttelte das Mädchen den Baum, bis die Äpfel auf es herabregneten. Es trug sie alle zu einem ordentlichen Haufen zusammen und ging seines Weges. Da gelangte es zu einem Häuschen, vor dem eine alte Frau saß. Die Alte hatte so große Zähne, dass das Mädchen Angst bekam und weglaufen wollte.

„Hab keine Angst, mein Kind. Bleib bei mir und wenn du alle Arbeiten im Haus

zu meiner Zufriedenheit verrichtest, sollst du
dafür belohnt werden. Das Wichtigste ist:
Wenn du mein Bett machst, schüttle Decke
und Kissen so gründlich, dass die Federn
fliegen, denn dann schneit es auf der Welt."

Die alte Frau schien sehr gütig zu sein, deshalb fasste das Mädchen Mut und willigte
ein, bei ihr zu bleiben. Es arbeitete schwer
und jeden Tag achtete es darauf, Decke und
Kissen so kräftig zu schütteln, dass die Federn
wie Schneeflocken umherwirbelten. Die alte
Frau hieß Frau Holle, war immer freundlich
und sorgte dafür, dass das Mädchen sich
wohlfühlte.

Die Zeit verging und das Mädchen war bei
Frau Holle glücklicher als bei seiner Stiefmutter, doch es hatte trotzdem Heimweh.

Frau Holle hatte Verständnis dafür.

„Natürlich sehnst du dich nach deinem Zuhause, mein Kind", sagte sie. „Ich werde dich selbst wieder hinaufbringen."

Sie führte das Mädchen zu einem großen Tor und als es dort hindurchging, fiel ein Regen aus Gold auf es herab. Alles Gold blieb an dem Mädchen hängen, so dass es über und über damit bedeckt war.

„Das ist die Belohnung für deine harte Arbeit", sagte Frau Holle. Sie gab dem Mädchen die Spule, die ihm in den Brunnen gefallen war, und das Tor fiel hinter ihm zu.

Zum Erstaunen des Mädchens fand es sich in der Nähe seines Zuhauses wieder. Seine Stiefmutter und Stiefschwester freuten sich, es zu sehen, aber vor allem, weil es von oben bis unten mit Gold bedeckt war. Das Mädchen erzählte, was ihm widerfahren war.

„Du musst auch hingehen und dich mit Gold bedecken lassen!", befahl die gierige Witwe ihrer hässlichen, faulen Tochter. Sie nahm einen Dorn und stach ihrer Tochter damit in den Finger. Sie ließ einen Tropfen Blut auf die Spule des Spinnrads fallen, dann warf sie die Spule in den Brunnen und stieß ihre Tochter hinterher.

Auch die hässliche, faule Tochter wurde ohnmächtig und lag, als sie wieder zu sich kam, genau wie ihre Stiefschwester auf der Wiese. Von dort nahm sie denselben Weg.

Als sie zu dem Ofen kam, rief das Brot wieder: „Bitte zieh mich heraus, sonst verbrenne ich!"

Doch sie schnaubte: „Ich will doch nicht ins Schwitzen geraten und mich schmutzig machen", und ging weiter.

Sie gelangte auch zu dem Apfelbaum, der rief: „Bitte schüttle mich, meine Äpfel sind alle reif!"

Doch die faule Tochter antwortete: „Besser nicht, sonst fallen mir noch Äpfel auf den Kopf", und ging weiter.

Als sie zu Frau Holles Haus gelangte, willigte sie sofort ein, für sie zu arbeiten. Am

263

ersten Tag strengte sie sich noch an und dachte an all das Gold, das sie bekommen würde. Doch bereits am zweiten Tag wurde sie wieder fauler. Am dritten Tag arbeitete sie fast gar nichts mehr und am vierten Tag weigerte sie sich, überhaupt aufzustehen!

Da hatte Frau Holle genug von ihr und schickte sie nach Hause. Die faule Tochter freute sich, denn sie dachte, dass sie nun mit Gold überschüttet würde. Doch als sie unter dem Torbogen stand, kam ein Regen aus dickem, klebrigem Pech auf sie herunter.

„Das ist deine Belohnung", sagte Frau Holle und schloss das Tor. Die Faulenzerin ging nach Hause – über und über mit Pech bedeckt, das so klebrig war, dass sie es solange sie lebte nicht mehr loswerden konnte.

Der
Geist
im
Glas

Es war einmal ein armer Holzfäller, der von morgens bis abends schwer arbeitete, um Geld zu verdienen, mit dem er seinen Sohn zur Schule schicken konnte. Der Junge lernte dort auch fleißig und wurde sehr gebildet. Das Geld ging ihnen jedoch aus, bevor der Sohn die Schule beenden konnte. Daher musste er nach Hause in die Hütte des Holzfällers zurückkehren.

„Es tut mir sehr leid, mein Sohn", sagte der Vater, „ich kann dir kein Geld mehr geben, ich habe kaum genug, um Essen zu kaufen."

„Mach dir keine Sorgen, Vater", sagte sein Sohn, „ich kann auch hart arbeiten. Es macht mir nichts aus, mit dir Holz zu schlagen."

„Aber du bist an solch schwere Arbeit nicht gewöhnt, mein Junge", sagte der Vater traurig. „Ich habe auch nur eine einzige Axt."

„Dann sieh zu, dass du vom Nachbarn eine ausleihen kannst, bis ich genug Geld habe, um mir eine eigene zu kaufen", erwiderte der Junge.

Das tat der Holzfäller und am nächsten Morgen gingen Vater und Sohn zusammen in den Wald und der Junge machte sich fröhlich ans Holzhacken. Als die Sonne hoch am Himmel stand, sagte der Vater: „Nun wollen wir ausruhen und unser Mittagsmahl essen."

Doch sein Sohn sagte: „Ruh du dich aus, Vater, ich gehe Nüsse und Beeren für das Abendbrot sammeln."

Sogleich war er zwischen den Bäumen verschwunden. Bei seiner Suche gelangte der Junge zu einer riesigen Eiche. Da war ihm, als würde er eine Stimme hören. Sie war zwar sehr leise, aber jemand rief deutlich vernehmbar: „Lass mich heraus! Lass mich heraus!"

Der Junge blickte sich um, konnte aber nichts entdecken. Da hörte er die Stimme

wieder: „Lass mich heraus! Lass mich heraus!"
Die Stimme schien aus der Erde zu kommen.

Der Junge suchte zwischen
den Baumwurzeln und da,
halb begraben unter
Laub und Moos, fand
er eine alte Glasflasche.
Er wischte die Erde ab
und hielt die Flasche
gegen das Licht. In ihrem
Inneren hüpfte und
sprang ein Wesen
herum!

„Lass mich he-
raus!", rief es wieder,
noch lauter und ver-
zweifelter als zuvor.

Der Geist im Glas

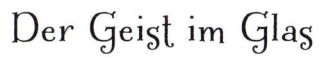

Da zog der Junge rasch den Korken aus der Flasche. Das Wesen kroch durch den Flaschenhals und wurde größer und größer, bis es zu einem mächtigen Geist angewachsen war. Der baute sich vor dem Jungen auf und sprach mit dröhnender Stimme: „Ich wurde zur Strafe in diese Flasche gesteckt. Zuerst hatte ich vor, denjenigen zu belohnen, der mich befreit. Doch es vergingen Hunderte von Jahren und während ich wartete, wurde ich immer zorniger, so dass ich schwor, den Nächsten, der mir begegnen würde, zu töten. Das bist du, deswegen musst du sterben!"

Der Junge hatte große Angst, aber er war klug und schnell im Denken.

„Ich glaube nicht", sagte er, „dass du es warst, der in dieser Flasche eingeschlossen

war. Du würdest doch niemals da hinein-
passen! Das kann nicht mit rechten Dingen
zugegangen sein."

„Wovon redest du?", brüllte der Geist.
„Natürlich war ich da drin!"

„Dann beweise es", sagte der Junge.

Verärgert fing der Geist an, sich zusam-
menzuziehen. Er schrumpfte
und schrumpfte, bis er so winzig war, dass er zurück in den
Flaschenhals gleiten konnte,
woraufhin er triumphierend
in der Flasche auf und ab
hüpfte. Schnell nahm der
Junge den Korken, stopfte
ihn in die Flasche
und der

Der Geist im Glas

Geist war gefangen. Dann schob der Junge die Flasche wieder zwischen die Baumwurzeln. Er wollte eben weggehen, als der Geist rief: „Bitte, bitte lass mich wieder frei und ich verspreche dir, dass es dir für den Rest deines Lebens an nichts fehlen wird!"

Da zog der Junge den Korken wieder heraus und abermals stieg der Geist aus der Flasche und baute sich vor ihm auf. Glücklicherweise stand der Geist zu seinem Wort.

„Hier ist deine Belohnung", sagte er und gab dem Jungen eine kleine Tasche mit einem klebrigen Pflaster darin.

„Das ist ein magisches Pflaster", erklärte
der Geist. „Wenn du es mit der einen Seite
auf eine Wunde legst, so wird sie heilen. Legst
du die andere Seite auf Stahl oder Eisen, so
wird es sich sofort in Silber verwandeln." In
einer Rauchwolke verschwand der Geist und
der Junge eilte zurück zu seinem Vater.

„Wo warst du denn?", fragte der Holzfäller. „Wir hätten schon vor Ewigkeiten
unsere Arbeit fortsetzen sollen."

„Sei unbesorgt, Vater", beruhigte der Junge
ihn, „ich werde es wiedergutmachen."

Er beugte sich über seine Axt, so dass der
Vater nicht sehen konnte, was er da tat, und
rieb mit dem magischen Pflaster über das
eiserne Blatt. Es verwandelte sich in glitzerndes Silber.

Der Geist im Glas

„Sieh dir meine Axt an, Vater", sagte der
Junge und hielt die Axt hoch. Doch sein
Vater schaute entsetzt, anstatt sich zu freuen.

„Du lieber Himmel, wie konnte das passieren?", japste der Holzfäller. „Man kann sie
jetzt nicht mehr zum Holzfällen verwenden,
denn Silber ist weicher als Eisen, es wird sich
verbiegen. So kann ich die Axt nicht mehr
dem Nachbarn zurückgeben! Du musst
gehen und sie verkaufen. Ich werde den Rest
des Geldes verdienen müssen, um dem
Nachbarn eine neue Axt kaufen zu können."

„Ach, Vater!", seufzte der Sohn lächelnd.

Er machte sich auf den Weg in die Stadt
und ging geradewegs zu einem Silberschmied,
der ihm fünftausend Taler für das silberne
Axtblatt gab. Der Sohn ging hocherfreut

nach Hause und fragte seinen Vater, wie viel der Nachbar für seine Axt wolle.

„Zehn Taler", sagte der Holzfäller und schüttelte traurig den Kopf.

„Nun, hier sind zehn Taler", sagte der Junge und zählte das Geld ab, „und hier sind noch viele Hundert mehr."

„Gütiger Himmel!", rief der Vater. „Woher um alles in der Welt hast du all das Geld?"

Da erzählte ihm der Junge alles. Der alte Holzfäller lauschte und freute sich darüber, dass er nie wieder Geldsorgen haben würde und dass sein Sohn jetzt wieder zur Schule gehen konnte. Das tat er auch und weil er mit seinem magischen Pflaster alle Wunden heilen konnte, wurde er zum berühmtesten Arzt seiner Zeit.

Das Erdmännchen

Es war einmal ein König, der lebte in einem Palast voller Schätze. Doch lieber als alles Gold und alle Juwelen war ihm der wunderschöne Apfelbaum in seinem Garten. Wie glänzende Rubine hingen die Äpfel an seinen Zweigen. Um den Baum zu schützen,

hatte ihn der König mit einem Zauber belegt: Jeder, der einen Apfel vom Baum pflückte, würde in der Erde versinken.

Eines Morgens gingen die drei Töchter des Königs zum Apfelbaum. Die Jüngste betrachtete die herrlichen Äpfel und meinte: „Unser Vater liebt uns viel zu sehr, als dass er uns unter die Erde schicken würde, ich wette, der Fluch wirkt nur bei Fremden."

Sie pflückte einen großen Apfel und biss hinein. Er schmeckte

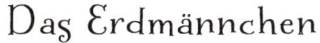

köstlich! Sie bot ihn ihren Schwestern an und sie probierten ebenfalls. Doch während die Schwestern aßen, wurde der Boden weich wie Treibsand. Zu ihrem Entsetzen sanken sie in die Tiefe und der Erdboden schloss sich über ihnen.

Die Mittagszeit kam, doch die drei Prinzessinnen erschienen nicht zum Essen. Der König befahl seinen Dienern, überall im Palast und im Garten zu suchen, aber seine geliebten Töchter wurden nirgendwo gefunden. Da war der König außer sich vor Kummer. Er verkündete, dass derjenige, der ihm seine Töchter unversehrt zurückbrächte, eine von ihnen zur Frau bekommen würde.

Bald streiften viele Männer durch das Königreich und suchten überall, darunter auch drei Brüder, die Jäger waren. Auf der Suche nach den Prinzessinnen kamen sie viel herum und gelangten irgendwann zu einer großen Burg. Die Türme waren geschmückt, die Flaggen gehisst und die Zugbrücke heruntergelassen, aber seltsamerweise schien niemand da zu sein. Die Brüder betraten die Burg und durchsuchten die Säle, doch weit und breit war keine Menschenseele zu sehen.

Im großen Saal entdeckten die jungen Männer, dass der Tisch mit Tellern voller dampfendem Essen gedeckt war. Sie waren so hungrig, dass sie sich sogleich hinsetzten und aßen. Die drei waren müde, deshalb beschlossen sie, sich die Nacht über dort auszuruhen und in den nächsten paar Tagen von der Burg aus die Prinzessinnen zu suchen.

Am folgenden Tag hielt der älteste Jäger in der Burg Wache, während sich seine beiden jüngeren Brüder auf die Suche machten. Zur Mittagszeit erschienen im großen Saal wieder Teller mit dampfendem Essen auf dem Tisch. Dann kam ein seltsames kleines Männlein zur Tür herein.

„Darf ich mit Euch zu Mittag essen?", fragte es.

„Nein, verschwinde!", sagte der Jäger nur grob und warf das Männlein hinaus. Als seine Brüder zurückkehrten, erzählte ihnen der Jäger vom Besuch des Männleins und was er getan hatte.

„Morgen werde ich in der Burg bleiben und Wache halten", sagte daraufhin der mittlere Bruder. Es geschah das Gleiche wie am

Vortag und auch der mittlere Bruder warf das Männlein einfach hinaus.

Am dritten Tag blieb der jüngste Bruder zurück. Alles geschah wie an den Tagen zuvor, doch als das Männlein erschien und fragte: „Darf ich mit Euch zu Mittag essen?", schlug es ihm der jüngste Bruder nicht ab, sondern erwiderte: „Natürlich, bedien dich."

Da grinste der kleine Mann und sagte: „Ich bin ein Erdmännchen und lebe mit meinen Tausenden von Brüdern unter der Erde. Ich kann dir sagen, wo die Prinzessinnen sind."

Er führte Hans, so hieß der jüngste Bruder, zu einem tiefen Brunnen.

„Nimm eine Glocke und ein Schwert und lass dich dann mit dem Eimer hinunter",

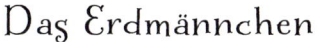

ordnete das Erdmännchen an. „Da unten findest du drei Kammern. In jeder sitzt eine der Prinzessinnen mit einem Drachen, dessen zahlreiche Köpfe sie kämmen muss. Um die Prinzessinnen zu retten, musst du die Köpfe der Drachen abschlagen. Und nimm dich vor deinen Brüdern in Acht. Sie werden neidisch sein und versuchen, dich loszuwerden."

Damit verschwand das Erdmännchen. Hans kehrte zur Burg zurück und erzählte seinen Brüdern alles, nur die Warnung des Erdmännchens vor ihrem Neid erwähnte er nicht. Am nächsten Morgen gingen sie gemeinsam zu dem Brunnen. Der älteste Bruder sagte, es wäre sein Recht, als Erster zu versuchen, die Prinzessinnen zu retten. Deshalb nahm er eine Glocke und sein

Schwert, setzte sich in den Eimer und sagte: „Wenn ich läute, dann zieht ihr mich sofort nach oben."

Die zwei Brüder ließen ihn in die Dunkelheit hinab. Doch der älteste Bruder bekam es mit der Angst zu tun, noch bevor er unten angelangt war, deshalb läutete er die Glocke und sie zogen ihn wieder nach oben.

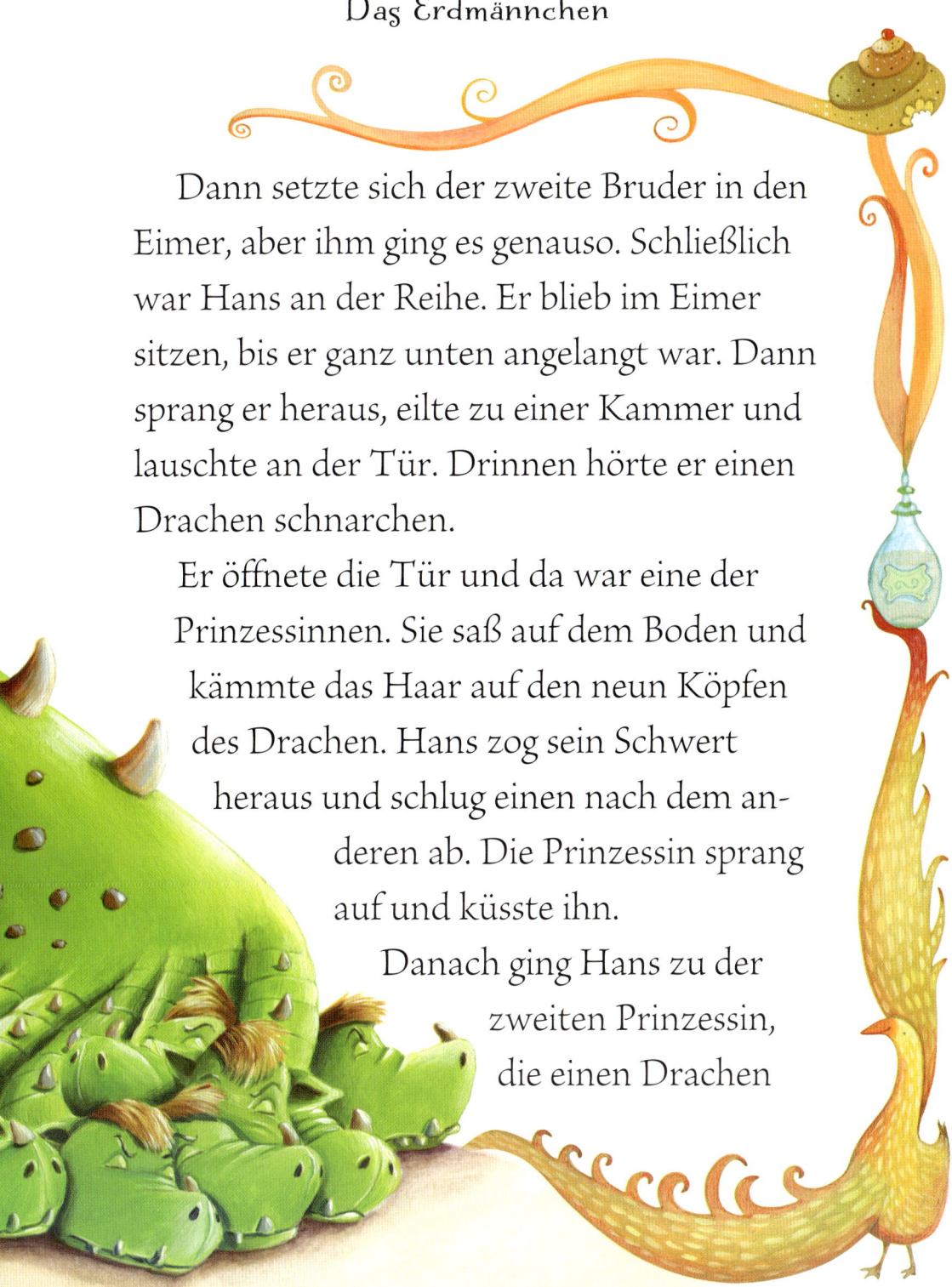

Das Erdmännchen

Dann setzte sich der zweite Bruder in den Eimer, aber ihm ging es genauso. Schließlich war Hans an der Reihe. Er blieb im Eimer sitzen, bis er ganz unten angelangt war. Dann sprang er heraus, eilte zu einer Kammer und lauschte an der Tür. Drinnen hörte er einen Drachen schnarchen.

Er öffnete die Tür und da war eine der Prinzessinnen. Sie saß auf dem Boden und kämmte das Haar auf den neun Köpfen des Drachen. Hans zog sein Schwert heraus und schlug einen nach dem anderen ab. Die Prinzessin sprang auf und küsste ihn.

Danach ging Hans zu der zweiten Prinzessin, die einen Drachen mit fünf Köpfen kämmen musste, und er schlug auch ihm alle Köpfe ab. Zuletzt gelangte er zur jüngsten Prinzessin, bei der ein Drache mit vier Köpfen war. Er tötete auch den letzten Drachen und rettete sie. Alle drei Prinzessinnen küssten ihn vor Freude.

Dann setzte Hans eine Prinzessin nach der anderen in den Eimer, läutete jedes Mal die Glocke und seine Brüder zogen alle drei Prinzessinnen nacheinander nach oben.

Als Hans an der Reihe war, fiel ihm die Warnung des Erdmännchens wieder ein. Anstatt selbst hineinzusteigen, legte er einen großen Stein in den Eimer und läutete erneut die Glocke. Doch als der Eimer halb oben war, schnitten seine Brüder das Seil durch und der Eimer fiel zu Boden, wo er zersprang.

Die Brüder dachten, sie hätten Hans getötet. Sie zwangen die drei Prinzessinnen,
niemals darüber zu reden, und brachten sie
zu ihrem Vater, dem König zurück. Dort verlangte jeder von ihnen eine der Prinzessinnen
zur Frau.

Hans fragte sich unterdessen, wie er jemals
wieder aus dem Brunnen nach oben gelangen
sollte. Da bemerkte er eine seltsame kleine
Silberflöte, die an einem Haken an der Wand
hing. Er nahm sie und spielte vorsichtig ein
paar Töne. Plötzlich war der Raum voller
Erdmännchen.

„Warum hast du uns gerufen?", fragten sie.

Hans erklärte, dass er wieder nach oben
auf die Erde wollte, und bat sie höflich um
ihre Hilfe. Auf der Stelle ergriffen ihn die

Erdmännchen und sprangen mit einem einzigen gewaltigen Satz aus dem Brunnen heraus.

Sofort eilte er zum Königspalast und kam keine Sekunde zu früh dort an, denn seine bösen Brüder wollten gerade zwei der Prinzessinnen heiraten. Alle drei Prinzessinnen waren überglücklich, als sie Hans sahen, und sie erzählten dem erstaunten König die ganze Geschichte.

Der König befahl, dass die beiden bösen Jäger sofort aus dem Königreich verbannt werden sollten und nie wieder zurückkehren durften. Hans hingegen heiratete die jüngste Prinzessin und sie lebten glücklich bis ans Ende ihrer Tage.

Die Geschenke des kleinen Volkes

Ein Schneider und ein Goldschmied waren einmal gemeinsam auf Wanderschaft, als sie eines Abends wunderbare Musik vernahmen. Die beiden folgten dem Klang, um herauszufinden, wo er seinen Ursprung hatte.

287

DAS KLEINE VOLK

Schließlich, als der Mond schon
aufgegangen war, gelangten sie zu
einem Hügel, auf dem sie viele kleine Männer
und Frauen erblickten. Diese hielten sich an
den Händen und wirbelten in einem fröh-
lichen Tanz herum. Dabei sangen sie mit
lieblichen Stimmen.

Mitten unter den kleinen Leuten saß ein
altes Männchen. Es winkte den Schneider

und den Goldschmied zu sich und lud sie ein, mitzutanzen. Das kleine Volk öffnete den Kreis und die beiden erstaunten Männer reihten sich ein.

Als sie sich noch im Tanz drehten, zog der alte Mann plötzlich ein scharfes Messer hervor. Bevor der Schneider und der Goldschmied wussten, wie ihnen geschah, hatte er die beiden schnell nacheinander gepackt und ihnen die Schädel kahl geschoren. Das geschah so schnell, dass der Schneider und der Goldschmied gar keine Zeit hatten, Angst zu verspüren. Der Alte klopfte ihnen freundlich auf die Schultern, als wollte er sagen, sie hätten ihre Sache gut gemacht. Dann zeigte er auf einen Haufen Kohle und forderte sie auf, sich die Taschen damit zu füllen.

Der Schneider und der Goldschmied ge-
horchten, auch wenn sie nicht wussten, was
sie mit den Kohlen anfangen sollten. Danach
machten sie sich wieder auf den Weg und
gelangten bald zu einem Wirtshaus, in dem
sie übernachten konnten. Völlig erschöpft
von ihrem seltsamen Abenteuer sanken die
beiden in ihre Betten und schliefen sofort ein.

Am Morgen staunten der Schneider und
der Goldschmied sehr, als sie merkten, dass
ihr Haar nachgewachsen war, und zwar
dichter denn je. Noch mehr freuten sie sich,
als sie entdeckten, dass ihre Taschen nicht
mehr mit Kohlestücken, sondern mit Gold
gefüllt waren!

Beide Männer waren nun reich. Aber der
Goldschmied war gierig. An diesem Abend

ließ er den Schneider im Wirtshaus zurück und eilte wieder zu dem Hügel. Das kleine Volk tanzte wie in der Nacht zuvor. Wieder forderte der Alte den Goldschmied auf, mitzutanzen. Dann schor er ihn kahl und deutete auf den Haufen Kohlen. Der Mann stopfte sich nicht nur die Taschen voll, sondern auch noch zwei Beutel, die er mitgebracht hatte. Sehr zufrieden mit sich machte er sich wieder auf den Weg ins Wirtshaus.

Am nächsten Morgen beeilte sich der Goldschmied, in seine Taschen und Beutel zu schauen. Doch zu seiner Überraschung befand sich darin – Kohle! Wieder und wieder schob er die Hände in die Taschen, zog aber außer schwarzen Klumpen nichts heraus. Wie enttäuscht war er da!

„Wenigstens habe ich noch das Gold, das ich beim ersten Mal bekommen habe", sagte er sich und wollte das Gold vom vorigen Tag hervorholen.

Wie entsetzt war er, als er feststellte, dass auch dieses Gold sich wieder in Kohle zurückverwandelt hatte!

In diesem Moment erblickte sich der Goldschmied zufällig selbst im Spiegel. Er war nicht nur immer noch kahl, er hatte jetzt

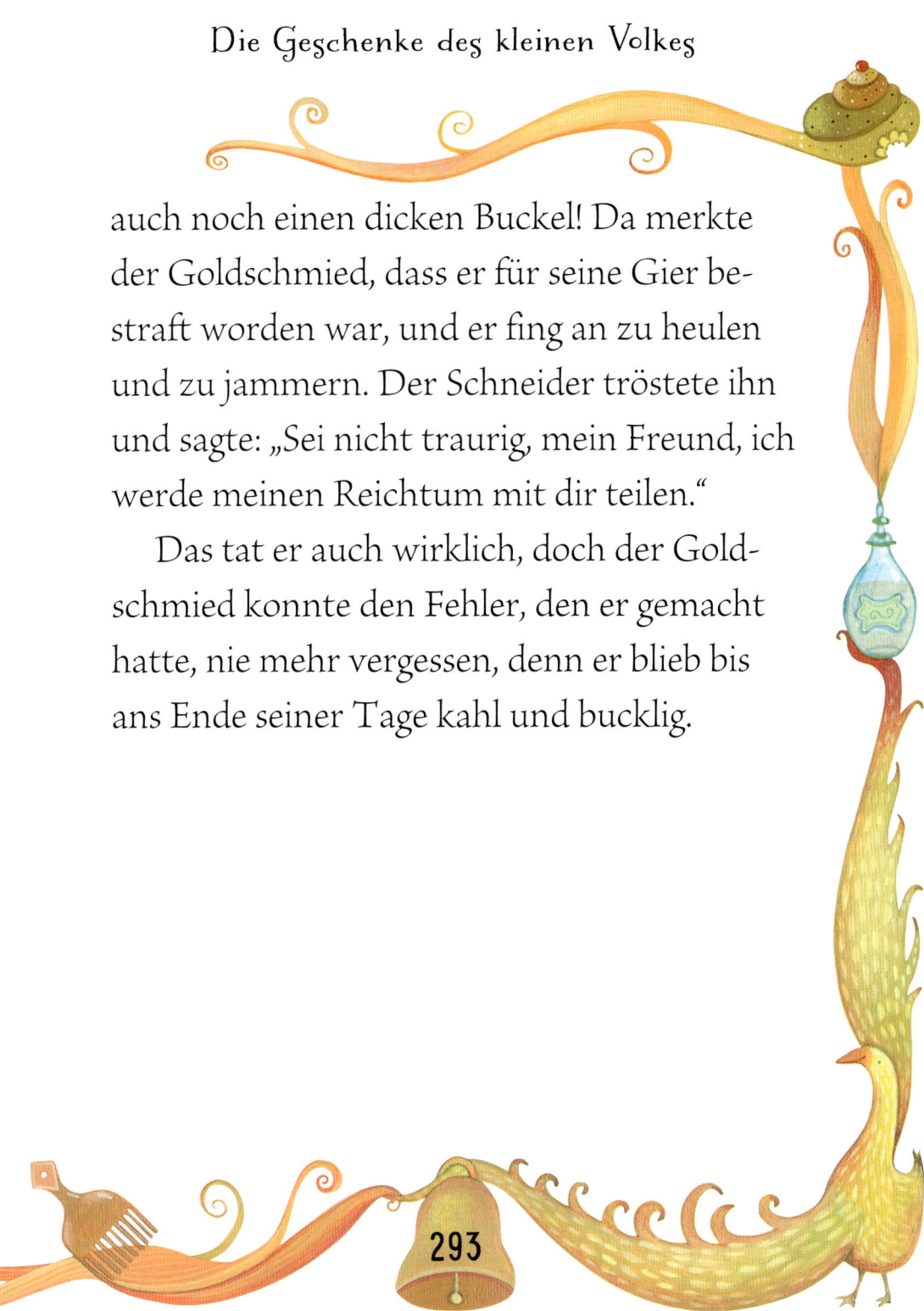

auch noch einen dicken Buckel! Da merkte der Goldschmied, dass er für seine Gier bestraft worden war, und er fing an zu heulen und zu jammern. Der Schneider tröstete ihn und sagte: „Sei nicht traurig, mein Freund, ich werde meinen Reichtum mit dir teilen."

Das tat er auch wirklich, doch der Goldschmied konnte den Fehler, den er gemacht hatte, nie mehr vergessen, denn er blieb bis ans Ende seiner Tage kahl und bucklig.

Die Nixe im Teich

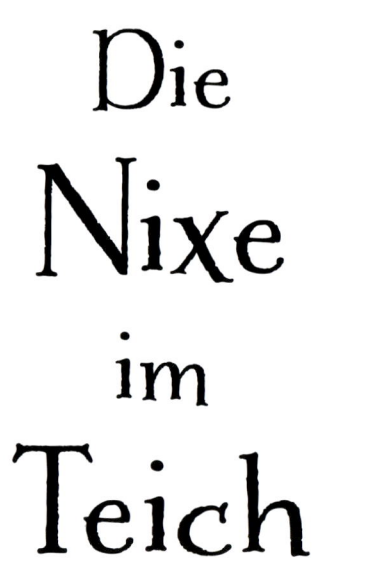

Es war einmal ein armer Müller, für
den die Zeiten so schwer wurden, dass
er und seine Frau schon glaubten, die Mühle
verkaufen zu müssen. Sie machten sich große
Sorgen. Früh an einem sonnigen Morgen
machte der Müller einen Spaziergang und

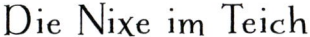

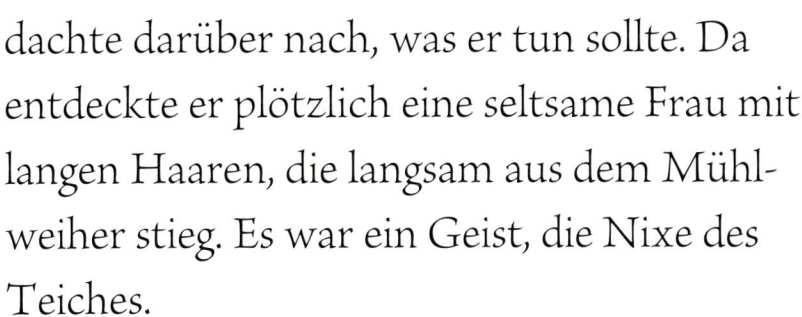

dachte darüber nach, was er tun sollte. Da entdeckte er plötzlich eine seltsame Frau mit langen Haaren, die langsam aus dem Mühlweiher stieg. Es war ein Geist, die Nixe des Teiches.

„Ich bin gekommen, um dir zu helfen", sagte die Nixe. „Ich werde dich reich machen. Dafür musst du nur versprechen, mir das zu geben, was in diesem Moment in deinem Haus geboren wird."

„Was um alles in der Welt kann das sein?", fragte sich der Müller. „Ein Hund oder eine Katze muss wohl gerade in der Scheune Junge bekommen."

Er gab der Nixe das gewünschte Versprechen und sie ließ sich wieder zurück ins Wasser gleiten.

Voller Freude eilte der Müller zurück zu seiner Mühle. Er stürzte durch die Tür und rannte die Treppen zum Schlafzimmer hinauf, um seiner Frau die gute Nachricht zu überbringen. Doch als er an ihr Bett trat, blieb er entsetzt stehen. Seine Frau hatte gerade einen kleinen Jungen geboren.

Da erkannte der Müller, dass die listenreiche Nixe davon gewusst und ihn übers Ohr gehauen hatte. Er ließ den Kopf hängen und erzählte seiner Frau, was passiert war. Sie war verzweifelt.

„Was nützt es uns, reich zu sein, wenn wir dafür unser Kind verlieren?", jammerte sie.

Allerdings vergingen die Tage, ohne dass die Nixe kam, um das Kind zu holen. Dafür kehrte tatsächlich das Glück wieder in das

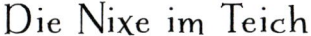

Haus des Müllers ein. Die Geschäfte gingen besser und das Paar verdiente wieder Geld. Schon bald waren er und seine Frau sogar reich. Aber glücklich waren sie dabei nie, denn stets machten sie sich Sorgen, die Nixe könnte kommen und verlangen, was der Müller ihr versprochen hatte.

Sobald der Junge laufen konnte und begann, die Gegend zu erkunden, verbot ihm der Müller, jemals auch nur in die Nähe des Weihers zu gehen.

„Hüte dich vor dem Weiher!", sagte er zu ihm. „Wenn du das Wasser berührst, wird eine Hand auftauchen, dich packen und nach unten ziehen."

Doch auch nach vielen Jahren war die Nixe niemals erschienen. Das Kind wuchs zu

297

einem Mann heran und wurde Jäger. Er heiratete ein Mädchen aus dem nahen Dorf und
die beiden lebten glücklich in ihrem eigenen
kleinen Heim.

Eines Tages verfolgte der Jäger ein Reh,
das aus dem Wald hinaus auf das freie Feld
rannte. Er verfolgte es und brachte es schließlich mit einem einzigen Schuss zur Strecke.
Als er es auf sein Pferd lud, bemerkte er,

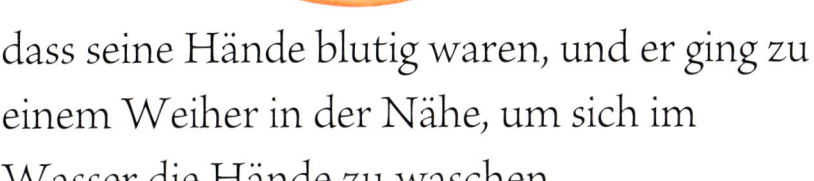

dass seine Hände blutig waren, und er ging zu einem Weiher in der Nähe, um sich im Wasser die Hände zu waschen.

Doch kaum hatte er sie hineingetaucht, da erhob sich die Nixe aus dem Wasser. Lachend schlang sie ihre nassen Arme um ihn und zog ihn so rasch und geschickt nach unten, dass es kaum spritzte.

Als der Abend kam und der Jäger nicht nach Hause zurückkehrte, bekam es seine Frau mit der Angst zu tun. Sie wusste, was ihr Schwiegervater vor langer Zeit der Nixe versprochen hatte, und ahnte, was geschehen war. Sie eilte zum Teich und sah, dass die Jagdtasche ihres Mannes am Ufer lag.

Weinend und flehentlich rief sie den Namen ihres geliebten Mannes, doch nichts geschah. Da verfluchte sie die Nixe, aber auch sie tauchte nicht auf, die Oberfläche des Weihers blieb glatt wie Glas. Die arme Frau lief am Ufer entlang und rief und rief, bis sie erschöpft war. Sie sank zu Boden und fiel in einen tiefen Schlaf.

Dabei träumte sie, dass sie an schroffen Felsklippen emporkletterte. Als sie oben angelangt war, fand sie sich auf einer Blumenwiese wieder, auf der ein hübsches Häuschen stand. Sie ging darauf zu und öffnete die Tür. Im Haus saß eine alte Frau mit weißem Haar, die sie freundlich hereinwinkte.

In diesem Moment wachte die junge Frau auf und beschloss, ihrem Traum zu folgen. Mühsam erklomm sie einen nahe gelegenen Berg und fand alles genau so vor, wie sie es im

Traum gesehen hatte. Die alte Frau lud sie in
ihr Häuschen ein und zeigte auf einen Stuhl.
„Ich kann dir helfen", sagte sie. „Nimm
dieses goldene Spinnrad. Warte, bis wieder
Vollmond ist, und geh dann zum Weiher.
Setz dich ans Ufer und spinne,
bis dir der Flachs ausgeht.
Wenn du fertig bist, stell
das Spinnrad nah ans
Wasser und warte ab,
was geschieht."
Die junge Frau
dankte der Alten herz-
lich, nahm das goldene
Spinnrad und eilte
nach Hause. Sie
musste mehrere

Nächte warten, bis Vollmond war, aber schließlich war die schimmernde Kugel am Himmel vollkommen rund. Da tat sie, was die Alte ihr erklärt hatte. Sie trug das Spinnrad in die Nähe des Weihers und spann, bis ihr der Flachs ausging. Kaum hatte sie danach das Spinnrad direkt ans Wasser gestellt, rollte eine Welle heran und riss das Spinnrad mit sich fort.

Augenblicklich schoss ein dicker Strahl Wasser aus der Mitte des Teiches empor und ergoss sich über das Ufer – und mit dem Wasser wurde der Jäger an Land gespült. Sofort sprang er auf, ergriff die Hand seiner überglücklichen Frau und sie rannten davon.

Sie hatten jedoch erst eine kurze Strecke hinter sich gebracht, als hinter ihnen ein

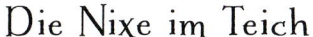

schreckliches Brüllen ertönte. Sie blickten zurück und sahen, wie sich der Weiher wie eine riesige Flutwelle erhob und über sie hereinbrach. Im wirbelnden Wasser wurden sie davongetragen und voneinander getrennt.

Als sich das Wasser schließlich wieder beruhigt hatte, wusste keiner der beiden, wo der andere war. Viele Jahre lang wanderten sie auf der Suche nach einander durch das Land, bis sie sich endlich fanden. Da umarmten und küssten sie sich und schworen, dass sie nie wieder etwas trennen sollte. Gemeinsam lebten sie glücklich bis ans Ende ihrer Tage.

Die goldene Gans

Es war einmal ein Mann, der hatte drei Söhne, von denen der jüngste nur Dummling genannt wurde, denn alle glaubten, er sei ein Narr.

Eines Tages ging der älteste Sohn hinaus in den Wald, um Holz zu hacken. Seine Mutter

packte einen Kuchen und eine Flasche Wein für ihn ein, damit er keinen Hunger oder Durst leiden musste. Als er gerade auf einen Baumstamm einhieb, kam ein grauhaariges altes Männlein zu ihm.

„Bitte gib mir einen Bissen von deinem Essen und einen Schluck zu trinken", bat es. „Ich bin so hungrig und durstig."

„Ich habe gerade genug für mich selbst", antwortete ihm der junge Mann. „Nun scher dich fort!"

Das grauhaarige Männlein verschwand wieder im Wald. Der junge Mann schwang erneut die Axt und wollte auf den Baum einschlagen, er verfehlte ihn jedoch und schlug sich stattdessen ins Bein. Unter schrecklichen Schmerzen musste er nach Hause humpeln.

Am nächsten Tag ging der zweite Sohn in den Wald, um Holz zu hacken. Wieder packte die Mutter Kuchen und Wein für ihren Sohn ein. Abermals kam das kleine grauhaarige Männlein und der junge Mann weigerte sich genau wie sein Bruder, sein Mittagsmahl mit ihm zu teilen. Das grauhaarige Männlein ging weg und beim nächsten Axthieb schlug sich der junge Mann selbst in die Seite. Auch er musste unter Schmerzen nach Hause gehen.

Am dritten Tag ging Dummling in den Wald, um Holz zu hacken. Seine Mutter schickte ihn nur mit ein paar trockenen Keksen und etwas Wasser fort. Er hieb gerade auf einen Baumstamm ein, als das grauhaarige Männlein zu ihm kam und nach

Essen und Trinken fragte.

„Ich habe nichts Besonderes", sagte Dummling, „aber ich kann es gerne mit dir teilen."

Sie setzten sich hin und Dummling holte seine Mahlzeit heraus. Erstaunt stellte er fest, dass die trockenen Kekse sich in leckeren Kuchen und das Wasser sich in edlen Wein verwandelt hatten. Die beiden aßen und tranken zufrieden miteinander.

Als sie beide satt waren, sagte das Männlein: „Du hast ein gutes Herz, deshalb will ich dir Glück bescheren. Fälle den alten Baum da drüben und du wirst etwas Kostbares zwischen seinen Wurzeln finden."

Lustig vor sich hin pfeifend ging das grauhaarige Männlein zwischen den Bäumen davon. Dummling tat, was das Männlein ihm aufgetragen hatte, und fällte den alten Baum. Zu seiner großen Überraschung erschien dann eine Gans zwischen seinen Wurzeln. Es war aber kein gewöhnlicher Vogel, denn ihre Federn waren aus purem Gold! Behutsam hob er sie auf und ging zu einem Gasthaus, in dem er die Nacht verbringen wollte.

Der Wirt hatte drei Töchter, die ihren Augen nicht trauten, als sie die goldene Gans

unter Dummlings Arm sahen. Sie wollten sie sich genauer ansehen.

In der Nacht wartete die Älteste, bis alle schliefen, und schlich sich dann in Dummlings Zimmer. Auf Zehenspitzen ging sie zu der goldenen Gans und strich ihr über den Flügel, sie wollte dem Tier eine goldene Feder ausreißen. Doch ihre Hand blieb hängen! Ganz egal, wie sehr sie auch zog, sie konnte nicht von der Gans loskommen.

Bald darauf kam die zweite Tochter hereingeschlichen. Auch sie wollte eine goldene Feder und streckte die Hand danach aus. Noch bevor ihre Schwester sie warnen konnte, hing auch sie fest.

Da kam die dritte Schwester und die beiden anderen zischten: „Fass bloß die Gans

nicht an!" Doch sie hörte nicht auf sie, weil sie
von dem goldenen Glanz so geblendet war.
Sie streckte die Hand aus, um eine Feder aus-
zureißen, und hing natürlich ebenfalls fest. So
mussten alle drei Schwestern die Nacht bei
der Gans verbringen.

Am nächsten Morgen wachte Dummling
auf, nahm den Vogel und ging hinaus, ohne
sich dabei auch nur im Geringsten um die
drei Mädchen zu kümmern, die noch immer
an der Gans hingen. Sie hatten keine andere
Wahl, als hinter ihm herzulaufen, wohin
auch immer er ging.

Unterwegs begegneten sie einem Pfarrer,
der rief: „Schämt euch, ihr jungen Damen, auf
diese Weise hinter einem Mann herzulaufen,
hört sofort auf damit!"

Der Pfarrer griff nach der Hand des jüngsten Mädchens, um es wegzuziehen. Doch sobald er sie berührt hatte, hing auch er fest.

Dummling ging unverdrossen weiter, hinter ihm die drei Mädchen und der Pfarrer. Da kam ein Bauer vorbei. Er staunte über diesen ungewöhnlichen Anblick und sagte: „Guten Morgen, Herr Pfarrer! Wohin geht ihr denn alle?"

Dabei berührte der Bauer den Ärmel des Pfarrers – und blieb ebenfalls hängen. Dummling folgten also inzwischen drei Mädchen, ein Pfarrer und ein Bauer. Nach einer Weile kam die Gruppe an zwei Feldarbeitern vorbei.

„He, ihr da!", rief der Bauer. „Kommt her und macht mich los!"

Doch sobald sie ihn berührten, blieben auch sie hängen. Nun trotteten schon sieben Leute hinter Dummling und der Gans her: die drei Mädchen, der Pfarrer, der Bauer und die beiden Feldarbeiter.

Nach einer Weile gelangten sie in eine Stadt. Dort lebte ein König, der hatte eine Tochter. Die war so ernst

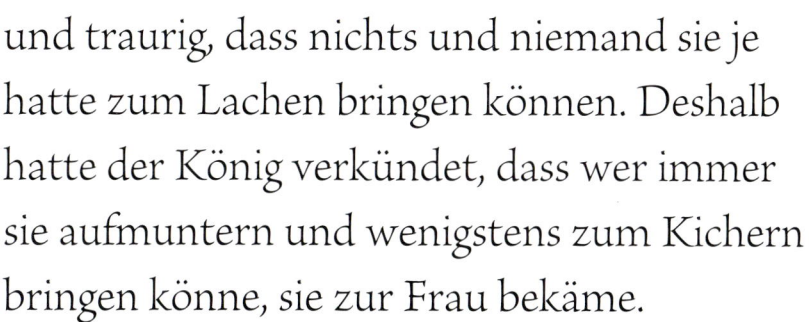

und traurig, dass nichts und niemand sie je hatte zum Lachen bringen können. Deshalb hatte der König verkündet, dass wer immer sie aufmuntern und wenigstens zum Kichern bringen könne, sie zur Frau bekäme.

Als nun die Prinzessin Dummling und seine goldene Gans am Fenster vorbeigehen sah, gefolgt von den Mädchen, dem Pfarrer, dem Bauer und den Feldarbeitern, prustete sie los und lachte, bis ihr die Tränen kamen.

Der König traute seinen Ohren nicht! Er war hocherfreut, dass seine Tochter endlich gelacht hatte, aber dass sie ausgerechnet die Frau von Dummling wurde, das wollte er dann doch nicht. Er musste einen Weg finden, die Hochzeit zu verhindern. Er sagte zu Dummling: „Ich werde dir die Prinzessin zur Frau geben, doch zuerst musst du einen Mann finden, der einen ganzen Keller voller Wein trinken kann."

Dummling dachte sofort an das kleine, grauhaarige Männlein aus dem Wald. Er fand den kleinen Mann und der trank den ganzen Keller des Königs leer.

Da sagte der König zu Dummling: „Natürlich wirst du die Prinzessin heiraten, doch zuerst musst du einen Mann finden, der einen riesigen Berg Brot essen kann."

Dummling bat noch einmal das grauhaarige Männlein um Hilfe und das kleine Kerlchen aß einen riesigen Berg Brot auf.

Diesmal sagte der König zu Dummling: „Ich werde auf jeden Fall erlauben, dass du

die Prinzessin zur Frau bekommst, doch zuerst musst du ein Schiff finden, dass sowohl zu Wasser als auch zu Lande segeln kann."

Wieder bat Dummling das grauhaarige Männlein um Hilfe. Dieses schnipste mit den Fingern und da erschien ein Schiff, das über Wasser wie über Land segeln konnte.

Endlich merkte der König, dass Dummling ganz und gar kein Narr war. Zumindest war es unmöglich, ihn zum Narren zu halten! Seine Hochzeit mit der Prinzessin wurde gefeiert und Dummling sorgte dafür, dass die Prinzessin fröhlich blieb und jeden Tag etwas zum Lachen hatte. Als der König starb, erbte Dummling das Königreich und regierte so gut, dass die Leute sagten, er sei der weiseste König gewesen, der je gelebt hatte.

316

BÖSE HEXEN

Rapunzel

€s waren einmal ein Mann und eine Frau, die erwarteten ihr erstes Kind. Nicht weit von ihrem Häuschen entfernt lag ein Garten voller Blumen, Kräuter und Gemüse. Doch sie wagten sich nicht in die Nähe des Gartens, denn er gehörte einer Hexe.

Rapunzel

Eines Morgens stand die Frau am Fenster ihres Schlafzimmers und blickte hinüber zum Garten der Hexe. Da sah sie ein Beet mit köstlich aussehenden Rapunzeln. Sie sahen so frisch und grün aus, dass sie sich von Herzen wünschte, sie könnte davon essen. Jeden Tag wurde ihr Verlangen nach dem Salat größer, bis sie kaum noch an etwas anderes denken konnte. Sie wurde blass und elend und ihr Mann fürchtete allmählich, sie könnte sterben. Daher beschloss er, ihr einige Rapunzeln zu holen.

In der nächsten Nacht kletterte er über die Mauer in den Garten der Hexe, pflückte eine Hand voll Rapunzeln und eilte zurück zu seiner Frau. Für sie war es das Köstlichste, was sie jemals gegessen hatte. Doch natürlich

war danach ihr Verlangen nach den Rapunzeln noch größer. Deshalb kletterte ihr Mann in der folgenden Nacht wieder über die Mauer. Zu seinem Schrecken stand plötzlich die Hexe vor ihm.

„Na, na", sprach sie und zeigte mit ihrem knöchrigen Finger auf ihn. „Du bist also derjenige, der meine Rapunzeln stiehlt!"

Zitternd vor Angst erzählte der Mann von seiner kranken, schwangeren Frau.

„Oh, ich verstehe", sagte die Hexe und ihre Miene wurde weicher. „Dann nimm so viele Rapunzeln mit, wie du möchtest, aber unter einer Bedingung: Du musst mir euer Kind geben, wenn es auf die Welt gekommen ist."

Der Mann flehte und bettelte und bot der Hexe stattdessen alles an, was er und seine

Frau besaßen, aber davon wollte die Hexe nichts wissen. Der Mann wusste um die Macht der Hexe, deshalb versprach er ihr schließlich, was sie wollte, und floh nach Hause. Wochen vergingen und der Mann holte jeden Tag Rapunzeln für seine Frau. Dann kam der Tag, an dem ihr Kind, ein kleines Mädchen, geboren wurde. Wie aus dem Nichts erschien die Hexe, nahm das Kind und sprach: „Ich werde gut für sie sorgen." Dann verschwand sie.

Die Hexe nannte das Mädchen Rapunzel und wollte es ganz für sich allein haben. Deshalb brachte sie es zu einem hohen Turm inmitten eines großen Waldes, weit weg von allen anderen Menschen. Der Turm hatte keine Tür und keine Treppen, nur ganz oben

war ein kleines Fenster. Die Hexe gelangte durch Zauberei hinein und heraus.

Abgeschieden von der Welt wuchs Rapunzel zu einem guten und schönen Mädchen heran. Als sie zwölf Jahre alt war, war ihr goldenes Haar so lang und dick, dass sie es flechten und wie ein Seil durch das Fenster herunterlassen konnte, damit die Hexe daran hinauf- und hinabklettern konnte. Rapunzel selbst konnte den Turm aber niemals verlassen.

Rapunzel

Als nicht lange nach Rapunzels achtzehntem Geburtstag ein Königssohn durch den Wald ritt, hörte er einen so lieblichen Gesang, dass er ihm nachging. Er kam zu dem Turm, denn es war Rapunzels Stimme, der er gefolgt war. Der Prinz ritt um den Turm herum, aber es gab keinen Zugang. Enttäuscht lehnte er sich an einen Baum und lauschte. Nach einiger Zeit erschien die Hexe. Sie bemerkte den Prinzen nicht, trat unten an den Turm und rief: „Rapunzel! Rapunzel! Lass dein Haar herunter!"

Der goldene Zopf wurde aus dem Fenster gelassen und die Hexe kletterte daran hinauf und stieg durch das Fenster.

„Aha!", dachte der Prinz. „So geht das also." Er wartete, bis es Abend wurde und die Hexe

den Turm wieder verlassen hatte, dann eilte er zum Fuß des Turms.

„Rapunzel! Rapunzel! Lass dein Haar herunter!", rief er, wobei er versuchte, die Stimme der Hexe nachzuahmen.

Zu seiner Freude wurde auf der Stelle der goldene Zopf aus dem Fenster herunter-gelassen und er kletterte daran hinauf und sprang in den Turm. Rapunzel erschrak ent-setzlich, denn sie hatte ja außer der Hexe noch nie einen anderen Menschen gesehen.

Der Prinz sprach jedoch sehr freundlich mit ihr und lächelte sie so gütig an, dass sie ihre Angst verlor. Die beiden redeten lange miteinander und lachten viel und noch bevor am nächsten Morgen die Sonne wieder auf-ging, hatten sie sich ineinander verliebt. Der

Prinz eilte davon, bevor die Hexe am Morgen zurückkam, doch er versprach, noch am gleichen Abend wiederzukommen.

Das tat er auch, genau wie am nächsten und an jedem folgenden Abend. Jedes Mal brachte er einen Strang Seide mit, denn er und Rapunzel hatten einen Plan geschmiedet, wie sie zusammen fliehen konnten. Tagsüber knüpfte Rapunzel aus der Seide eine lange Leiter. Wenn sie fertig wäre, könnte Rapunzel an ihr aus dem Turm hinausklettern und der Prinz würde sie auf seinem Pferd mitnehmen und weit von der Hexe wegbringen.

Die Tage vergingen und Rapunzels geheime Leiter wurde länger und länger. Eines Tages jedoch, als die Hexe wieder an ihrem Zopf emporkletterte, rutschte Rapunzel ein

verräterischer Satz heraus: „Du kletterst so langsam, der Prinz ist viel schneller!"

Der Hexe war sofort klar, was da vorging, und sie war außer sich vor Zorn. Sie nahm eine Schere und schnitt Rapunzels Zopf ab. Danach zauberte sie das Mädchen in eine weit entfernte Wüstenlandschaft.

Dann band die Hexe den Zopf an einen Haken über dem Turmfenster. Bald darauf hörte sie die Stimme des Prinzen: „Rapunzel! Rapunzel! Lass dein Haar herunter!"

Die Hexe ließ Rapunzels Zopf herunter und der Prinz kletterte daran hinauf, sprang durch das Fenster – und stand entsetzt vor der Hexe!

„Aha!", schrie sie. „Jetzt habe ich dich! Du wirst Rapunzel niemals wiedersehen!"

Rapunzel

Während der Prinz aus dem Turmfenster sprang, belegte ihn die Hexe mit einem grässlichen Fluch. Die Dornenbüsche am Fuß des Turms, in die er fiel, verhinderten zwar, dass er dabei ums Leben kam, aber er verletzte sich trotzdem schwer. Die spitzen Dornen zerstachen seine Augen und er wurde blind.

Der Schmerz, Rapunzel verloren zu haben, war aber noch größer als der Schmerz, sein Augenlicht verloren zu haben. Mit gebrochenem Herzen stolperte der Prinz durch den Wald davon. Lange irrte er durch das Land und lebte dabei von Nüssen und Beeren, die er sammelte.

Schließlich führte sein Weg ihn in die Wüstenlandschaft, in der Rapunzel einsam und verlassen hauste. Sie traute ihren Augen

kaum, als sie ihn erblickte. Er war blind, schmutzig und zerlumpt, aber er war ihr geliebter Prinz!

Sie umarmte ihn und weinte Freudentränen. Als ihre Tränen die Augen des Prinzen benetzten, wurde er gesund und konnte wieder sehen.

Freudestrahlend führte der Prinz Rapunzel in sein Königreich, wo sie bis ans Ende ihrer Tage glücklich und zufrieden lebten.

Die
Gänsehirtin
am
Brunnen

Es war einmal eine alte Frau, die mit einer Schar Gänse in einer kleinen Hütte auf einem hohen Berg im Wald wohnte. Die Menschen behaupteten, sie sei eine Hexe.

Eines sonnigen Morgens kam ein schöner junger Graf durch den Wald geritten. Er traf auf die alte Frau, die sich gerade zwei riesige Körbe mit Äpfeln und Birnen auf den Rücken lud, um sie nach Hause zu tragen.

„Gute Frau", sagte er, „das wird dir nicht gelingen, lass sie mich für dich tragen."

„Danke, Herr", sagte sie.

Der junge Mann lud sich die Körbe auf die Schultern und folgte ihr hinauf zu ihrem Haus. Mit jedem Schritt schien die Last schwerer zu werden. Er war noch nicht weit gekommen, da lief ihm schon der Schweiß in Bächen von der Stirn.

„Uff", keuchte er. „Ich muss mich ein Weilchen ausruhen."

Aber er konnte die schweren Körbe nicht absetzen, sie blieben einfach auf seinem Rücken hängen!

„Es wird noch nicht gerastet!", rief die Hexe und sprang mit einem Satz auf die Körbe, so dass der junge Mann sie nun auch noch tragen musste.

Ganz langsam wankte er den Berg hinauf. Als er beim Haus der alten Frau anlangte, war er war kurz vor dem Zusammenbrechen. Die alte Frau hüpfte geschickt von seinem Rücken und hob ihm die Körbe von den Schultern, während die Gänse ihr entgegenliefen. Hinter den Gänsen schlurfte das hässlichste Mädchen her, das der Graf jemals gesehen hatte. Ihr Gesicht war grau, ihre Augen waren stumpf und trübsinnig und ihr Haar war strähnig.

„Geh ins Haus, Tochter, und setz den Kessel auf", befahl die alte Frau und das Mädchen gehorchte.

Der junge Graf ließ sich derweil erschöpft auf eine Bank sinken. Die alte Frau kam zu ihm und sagte: „Danke für deine Hilfe. Ich habe eine Belohnung für dich."

Sie humpelte ins Haus und kam mit einem kleinen Kästchen zurück. Es funkelte und glitzerte, denn es bestand ganz und gar aus einem riesigen Smaragd.

„Pass gut darauf auf", sagte sie, „denn es wird dir Glück bringen."

Auf einmal fühlte sich der Graf sehr erfrischt und erholt. Er dankte der alten Frau und machte sich wieder auf den Weg.

Unglücklicherweise verirrte er sich bald darauf im Wald und es dauerte drei Tage, bis er wieder herausfand. Müde und hungrig ging er zur nächsten Stadt und bat im dortigen Schloss um Hilfe. Der Graf wurde in den großen Saal gebeten, wo der König und die Königin auf dem Thron saßen. Er fiel auf die Knie und bot ihnen das Feinste, was er hatte, nämlich das Smaragdkästchen, zum Tausch gegen etwas zu Essen und ein Nachtlager an, weil er von seiner langen Reise ausruhen wollte. Der Königin gefiel das Geschenk, doch als sie das Kästchen öffnete, fiel sie in Ohnmacht.

Als sie wieder zu sich kam, fing sie an zu weinen und erklärte: „Ich hatte einmal eine Tochter, die so schön war, dass ihre Augen wie Sterne glänzten und ihr Haar wie Sonnenstrahlen schimmerte. Wenn sie weinte, traten Perlen anstatt Tränen aus ihren Augen. Als sie fünfzehn Jahre alt war, fragte mein Mann sie eines Tages, wie lieb sie ihn hätte. Er erwartete, dass sie antworten würde: ‚mehr als die Sonne‘ oder ‚mehr als Diamanten‘, doch stattdessen sagte sie: ‚Essen schmeckt schrecklich ohne Salz, deshalb liebe ich dich mehr als Salz.‘ Dem König gefiel diese Antwort überhaupt nicht. Er war so zornig, dass er sie aus dem Königreich verbannen ließ. Am nächsten Tag bereute er zutiefst, was er getan hatte, doch inzwischen konnte sie schon niemand mehr finden. Wir haben sie seitdem nicht mehr gesehen. Doch als ich gerade dein Smaragdkästchen geöffnet habe, entdeckte ich darin eine Perle, die genauso aussieht wie die Perlen, die meine Tochter immer geweint hat! Bitte, sag mir, woher du das Kästchen hast."

Da erzählte der Graf der Königin von der alten Frau. Er sagte aber auch, dass er von einer schönen, jungen Prinzessin nichts gesehen oder gehört hatte. Doch die Königin war entschlossen, hinzugehen und zu fragen.

Am nächsten Tag führte der Graf den König und die Königin in ihrer Kutsche zu dem Berg. Höher und höher ritt er ihnen voran bergauf durch den Wald, bis die Straße ganz schmal und steil wurde. Der Graf

konnte zwar weiterhin auf seinem Pferd sitzen bleiben, aber der König und die Königin mussten aus der Kutsche aussteigen und zu Fuß weitergehen.

Der Graf gelangte so als Erster zur Hütte der alten Frau. Er hielt unter den Bäumen an, bevor er sich der Hütte näherte. Gänse flatterten umher und die hässliche Tochter der alten Frau stand am Brunnen. Sie fing an sich zu waschen und der Graf war überrascht, als er sah, dass sie dabei die Haut ihres Gesichts und ihres Kopfs abstreifte und auf den Boden legte, als wäre sie eine Maske. Wie anders sie jetzt aussah! Ihre Augen glänzten wie Sterne und ihr goldenes Haar schimmerte wie Sonnenstrahlen.

Der Graf fand sie so schön wie niemanden sonst auf der Welt! Er wagte kaum zu atmen, sondern stand ganz still da, so dass ihn die junge Frau nicht bemerkte. Vorsichtig hob sie ihre Haut auf und verschwand im Haus. Der erstaunte Graf wartete auf den König und die Königin und erzählte ihnen alles. Sofort eilte das Paar in das Haus. Dort saß die Hexe, die in aller Ruhe Wolle spann, und da saß auch die schöne Prinzessin, die nähte. Einen

Augenblick lang glaubte die junge Frau zu träumen. Dann sprang sie auf und umarmte ihre Eltern, die vor Freude weinten.

„Eure Tochter hat ein gutes Herz und doch habt Ihr sie verbannt", schalt die alte Frau die Eltern. „Sie lebte verkleidet hier bei mir, damit niemand sie belästigt, und ich habe mich sehr gut um sie gekümmert. Ich habe all die Tränen aufbewahrt, die sie Euretwegen geweint hat. Deshalb hat sie jetzt ein Vermögen in Perlen, das wertvoller ist als Euer ganzes Königreich. Ich selbst werde ihr jetzt mein Haus zum Geschenk machen."

Mit diesen Worten verschwand die alte Frau. Die Wände des Hauses knarrten und eine riesige Staubwolke flog auf. Als sie sich wieder gelegt hatte, erhob sich an der Stelle, an der zuvor das Haus gestanden hatte, ein prächtiger Palast mit Mägden und Knechten.

Diese Geschichte geht eigentlich noch weiter, doch meine Großmutter, die sie mir erzählt hat, kann sich an den Rest nicht mehr erinnern. Aber ich werde immer glauben, dass die schöne Prinzessin den jungen Grafen geheiratet hat und dass sie glücklich bis ans Ende ihrer Tage in dem Palast lebten.

Die Gänse waren wohl in die Diener der Prinzessin verwandelt worden. Eines aber ist sicher: Die alte Frau war keine böse Hexe, wie alle glaubten, sondern eine weise und gütige Frau. Wahrscheinlich war es sogar sie, die es der Prinzessin ermöglicht hat, Perlen zu weinen. Wenn so etwas doch auch außerhalb von Märchen passieren würde!

Das Lämmchen und das Fischchen

Vor langer Zeit lebte einmal ein reicher Edelmann auf einer großen Burg. Seine Frau war gestorben und er war allein mit den beiden Kindern zurückgeblieben, einem kleinen Jungen

Das Lämmchen und das Fischchen

und einem kleinen Mädchen. Es waren gute
Kinder, die einander sehr lieb hatten. Nach
einigen Jahren heiratete der Edelmann
wieder. Seine neue Frau war nicht sanft,
freundlich und liebevoll, wie es die Mutter
der Kinder gewesen war, sondern mürrisch,
grausam und boshaft. Sie war eine Hexe!

Eines Tages rannten die Kinder im Hof
herum und spielten fröhlich im Sonnen-
schein. Die Hexe beobachtete sie mit
hartem Blick, denn das Lachen der
Kinder ärgerte sie. Je vergnügter sie
wurden, desto zorniger wurde sie.
Plötzlich murmelte sie eine Ver-
wünschung und der kleine Junge
verwandelte sich auf der Stelle in
ein Fischchen. Die Hexe hob

341

es auf und warf es in den Burggraben. Dann verwandelte die Hexe das Mädchen in ein Lämmchen und jagte es fort auf die Weide. Danach drehte sich die böse Frau auf dem Absatz um, ging zurück in die Burg und war sehr zufrieden mit ihrem Werk.

Das Fischchen schwamm im Burggraben hin und her und war sehr traurig. Das Lämmchen ging auf seiner Weide auf und ab und war todunglücklich. Noch bevor der Tag zu Ende war, belegte die Hexe ihren Mann mit einem Fluch, so dass er überhaupt nicht merkte, dass seine beiden kleinen Kinder nicht mehr da waren. Als die Hexe am nächsten Tag Besuch bekam, lächelte sie grausam und rief den Koch zu sich.

„Geh und hol das Lämmchen von der Weide und brate es meinen Gästen zum Abendessen", befahl sie.

Der Koch tat, was man ihm gesagt hatte; er ging auf die Weide und fing das Lämmchen. Dann wetzte er vor der Küchentür das Messer und wollte dem Tier eben den Hals durchschneiden, da bemerkte er, dass vor ihm im Burggraben ein Fischchen auf und ab schwamm. Zu seinem Erstaunen rief das Lämmchen dem Fischlein zu: „Oh, mein

Brüderchen, ich werde dich für immer lieb haben!"

Das Fischchen antwortete: „Oh, mein Schwesterchen, mir bricht das Herz!"

Der Koch wäre vor Schreck fast ohnmächtig geworden, doch als er sich wieder ein wenig erholt hatte, wurde ihm klar, dass die beiden Wesen die fehlenden Kinder waren, die unter einem schrecklichen Zauberbann standen. Da streichelte er das Lämmchen und flüsterte: „Sei beruhigt, ich werde dich nicht schlachten."

Er hob das Fischchen aus dem Burggraben und setzte es in einen Eimer voller Wasser, dann versteckte er den Eimer und das Lämmchen im Stall. Danach eilte er davon, um beim Metzger Fleisch zu kaufen. Der

Koch servierte es der Hexe und ihrem Besuch und die grausame Frau bemerkte die Täuschung nicht. Der freundliche Koch wartete, bis es dunkel war. Dann holte er das Lämmchen und den Eimer aus dem Stall und brachte sie in den Wald, wo in einem kleinen Häuschen eine weise Frau lebte. Glücklicherweise wusste die weise Frau, wie man den Fluch brechen konnte, und das kleine Mädchen und der kleine Junge bekamen beide wieder ihre ursprüngliche Gestalt.

Natürlich konnten sie nicht wieder auf die Burg zurückkehren. Deshalb blieben sie bei der weisen Frau im Wald, die sie gute Zauberei lehrte und keine schwarze Magie. Dort lebten die beiden Kinder glücklich und zufrieden.

Die sechs Schwäne

$\mathcal{E}$in König jagte einmal in einem wilden und großen Wald. Er ritt so schnell, dass er seine Jagdgesellschaft weit hinter sich ließ. Und als die Nacht hereinbrach, merkte er, dass er sich verirrt hatte.

Da kam eine alte Hexe zwischen den Bäumen hervorgehumpelt.

„Ich kann dir den Heimweg zeigen",
krächzte sie, „aber unter einer Bedingung: Du
musst meine Tochter heiraten."

Verzweifelt sah der König sich um, aber er
sah keinen Weg, nur Bäume und Dunkelheit
waren um ihn herum. Schweren Herzens
willigte er ein und die Hexe führte ihn zu
ihrer Hütte, wo ihre Tochter wartete. Sie war
schön, hatte aber etwas an sich, was dem
König nicht behagte. Er hob sie auf sein Pferd
und die Hexe zeigte ihm den Weg zurück zu
seinem Palast, wo sich die beiden vermählten.

Der König war früher schon verheiratet
gewesen, seine Frau war aber gestorben. Er
hatte sieben Kinder, die er über alles liebte,
sechs Söhne und eine Tochter. Er traute
seiner neuen Frau nicht und befürchtete, sie

könnte ihnen etwas zu Leide tun. Deshalb erzählte er ihr nichts von den Kindern, sondern ließ sie auf ein Schloss bringen, zu dem man nur über einen verzauberten Weg gelangte. Den konnte man nur mit Hilfe eines besonderen Wollknäuels finden, das sich selbst abwickelte und dadurch den Weg wies. Dort glaubte der König seine Kinder in Sicherheit.

Er besuchte sie jeden Tag und die Königin wurde zornig, weil er sie so oft allein zu Hause ließ. Sie bestach einen Diener mit Gold und der erzählte ihr von den Kindern in dem verborgenen Schloss. Er verriet ihr sogar, wo sie das magische Wollknäuel finden konnte.

Die eifersüchtige Königin nähte in den nächsten Tagen weiße Hemden, die sie mit einem bösen Zauber belegte. Dann wartete

348

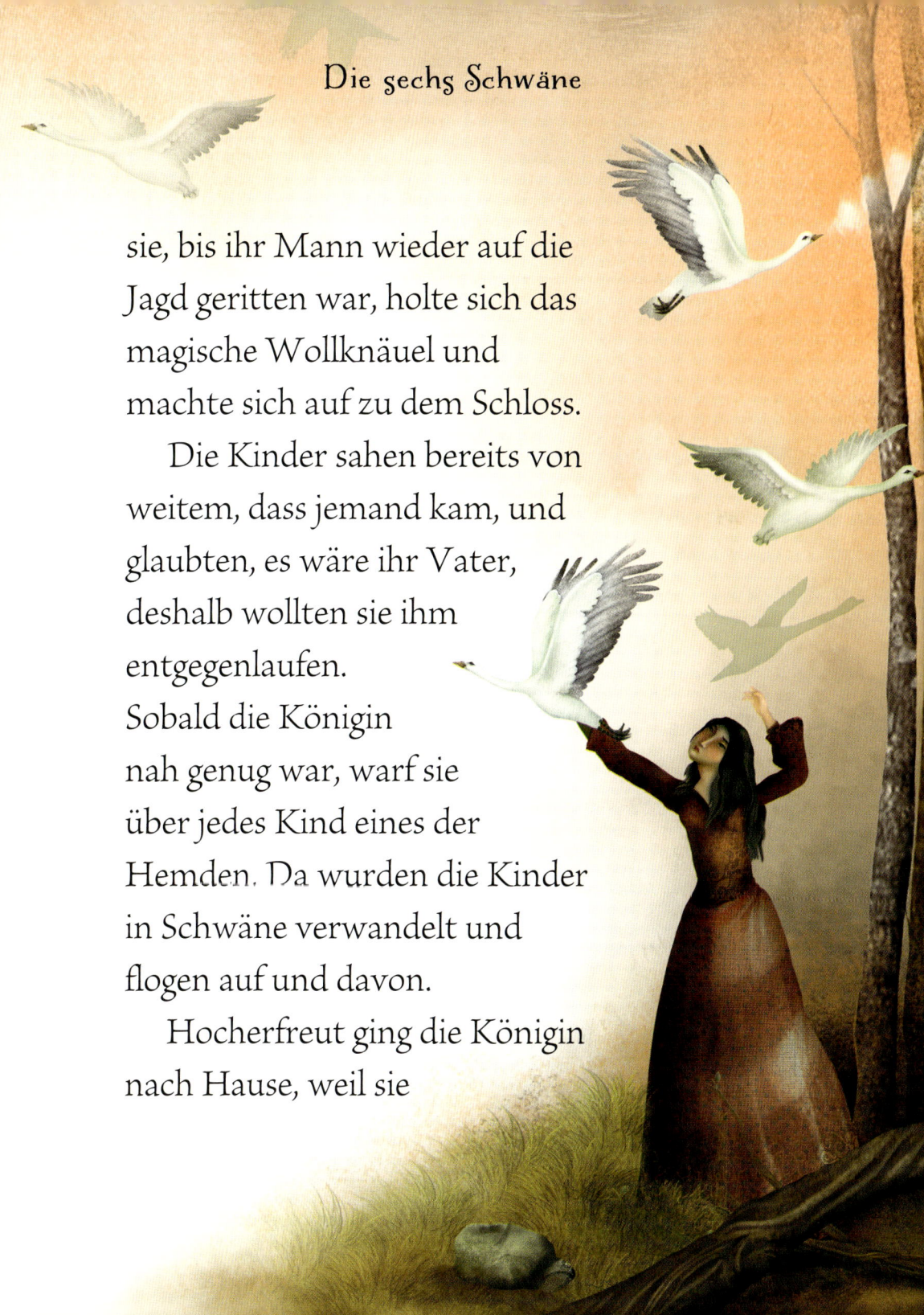

Die sechs Schwäne

sie, bis ihr Mann wieder auf die
Jagd geritten war, holte sich das
magische Wollknäuel und
machte sich auf zu dem Schloss.

   Die Kinder sahen bereits von
weitem, dass jemand kam, und
glaubten, es wäre ihr Vater,
deshalb wollten sie ihm
entgegenlaufen.
Sobald die Königin
nah genug war, warf sie
über jedes Kind eines der
Hemden. Da wurden die Kinder
in Schwäne verwandelt und
flogen auf und davon.

   Hocherfreut ging die Königin
nach Hause, weil sie

dachte, sie wäre ihre Stiefkinder losgeworden. Doch sie wusste nichts von dem Mädchen, das nicht mit seinen Brüdern nach draußen gerannt war.

Am nächsten Morgen ging diese tapfere junge Frau in die Welt hinaus, um ihre Brüder zu suchen. Sie wanderte über Felder und Hügel, bis sie erschöpft war. Schließlich erreichte sie eine leere Hütte im Wald, sank dort in ein Bett und fiel in einen tiefen Schlaf. Kurz vor Sonnenuntergang wurde sie von einem lauten Rauschen geweckt und sechs Schwäne kamen durch das Fenster hereingeflogen. Als sie landeten, fielen alle Federn und die Schwanenhaut von ihnen ab – es waren ihre Brüder! Sie waren außer sich vor Freude, als sie ihre Schwester sahen.

„Jeden Abend werden wir für eine Viertelstunde wieder zu Menschen", erklärten sie.

„Gibt es keinen Weg, wie ich den Fluch brechen kann?", schluchzte die Schwester.

„Doch, aber er ist zu schwierig", seufzte der älteste Bruder. „Du darfst sechs Jahre lang nicht sprechen oder lachen und du musst sechs Hemden aus weißen Blumen nähen. Wenn in dieser Zeit auch nur ein einziges Wort über deine Lippen kommt, ist all deine Mühe vergebens gewesen."

Die Viertelstunde ging allzu schnell vorüber. Die Brüder verwandelten sich wieder in Schwäne und flogen zum Fenster hinaus.

Da fasste die tapfere junge Frau den Entschluss, ihre Brüder zu erlösen. Am nächsten Morgen ging sie Blumen pflücken und fing an zu nähen. Sie durfte mit niemandem reden, was ihr nicht schwerfiel, denn sie hatte ohnehin niemanden mehr. Lachen durfte sie nicht, doch danach war ihr auch gar nicht zu Mute, da sie ihre Brüder so schrecklich vermisste. Jeden Tag pflückte sie Blumen und nähte.

Als sie schon viele Monate hart gearbeitet hatte, ritt eines Tages ein König vorbei. Er fand sie sehr schön und fragte sie, wer sie sei und was sie da täte. Natürlich konnte ihm die traurige junge Frau nicht antworten. Das Herz des Königs füllte sich mit Mitleid und Liebe. Er setzte die Frau auf sein Pferd, sammelte ihre Nähsachen ein und galoppierte mit ihr zurück auf sein Schloss. Die Liebe des Königs zu der stillen, traurigen Frau nahm in der nächsten Zeit noch zu und er heiratete sie. Seine Mutter war darüber alles andere als erfreut.

„Sie ist zwar schön", spottete sie, „aber wozu ist eine Königin nütze, die kein Wort sagen kann?"

Die Schwiegermutter tat alles, um der neuen Königin das Gefühl zu geben, unerwünscht zu sein. Sie nutzte jede Möglichkeit, die junge Frau dumm dastehen zu lassen. Monate und schließlich Jahre vergingen und noch immer sagte die Königin kein Wort. Jeden Tag pflückte sie Blumen und arbeitete an den Hemden, bis ihre Finger wund waren. Schließlich brachte sie ein Kind zur Welt. Da schlich sich eines Nachts, als die Königin fest schlief, die Mutter des Königs ins königliche Schlafgemach. Sie beschmierte das

Nachthemd der Königin mit Blut und stahl
das Kind. Dann erzählte sie ihrem Sohn, dass
die Königin ihr Kind umgebracht hätte.

Der König wollte diese Geschichte zwar
nicht glauben, doch die junge Königin konnte
sich nicht verteidigen und der oberste Richter
des Reichs bestand darauf, dass das Gesetz
eingehalten wurde. Die Königin sollte daher
verbrannt werden.

Am nächsten Morgen wurde ein riesiger
Scheiterhaufen errichtet. Es war genau der
Tag, an dem die sechs Jahre des Schweigens
und des Nähens enden sollten. Die Königin
hatte alle sechs Hemden fertig genäht, nur
am letzten fehlte noch ein Ärmel. Sie presste
die Hemden an sich, als sie nach draußen
zum Scheiterhaufen gebracht wurde.

Gerade als das Feuer entzündet werden sollte, stießen sechs Schwäne vom Himmel herab. Das Herz der Königin hüpfte vor Freude und sie warf ihnen rasch die Hemden

über. Sogleich nahmen die Schwäne wieder
ihre menschliche Gestalt an. Nur der jüngste
Bruder, an dessen Hemd ein Ärmel fehlte,
behielt an Stelle eines Armes einen Flügel.

Die junge Frau küsste weinend ihre Brüder
und fing dann endlich an zu sprechen: „Lieber
Mann", sagte sie zu dem erstaunten König,
„nun kann ich endlich sagen, was mich so un-
endlich bedrückt. Ich habe unser Kind nicht
umgebracht! Durchsuche die Gemächer
deiner Mutter, dort wirst du es finden."

Tatsächlich fanden die Diener des Königs
das Kind, es war wohlauf. In seinem Zorn
verbannte der König seine Mutter für immer
aus dem Königreich. Danach lebten er, seine
Königin, ihr Kind und die sechs Brüder glücklich und zufrieden bis ans Ende ihrer Tage.

Schnee-
wittchen

An einem Wintertag saß eine Königin am Fenster und nähte. Da stach sie sich aus Versehen mit der Nadel in den Finger und dachte: „Wie schön das Rot des Blutes neben dem Fensterrahmen aus dunklem Ebenholz und dem weißen Schnee aussieht!" Einige Wochen später brachte die Königin ein

BÖSE HEXEN

kleines Mädchen zur Welt. Seine Haut war so weiß wie Schnee, seine Lippen so rot wie Blut und sein Haar so schwarz wie Ebenholz. Die Königin nannte es Schneewittchen.

Unglücklicherweise starb die Königin und der König nahm sich eine andere Frau, die sehr schön, aber auch sehr böse war. Sie war eine Hexe und besaß einen Zauberspiegel, den sie oft fragte: „Spieglein, Spieglein an der Wand, wer ist die Schönste im ganzen Land?"

Schneewittchen

Und der Spiegel antwortete immer: „Frau Königin, Ihr seid die Schönste im Land."

Dann bewunderte die Königin lächelnd ihr Spiegelbild. Doch eines Tages, als Schneewittchen siebzehn Jahre alt geworden war, antwortete der Zauberspiegel: „Frau Königin, Ihr seid die Schönste hier, aber Schneewittchen ist tausendmal schöner als Ihr."

Da erschrak die Königin. Erfüllt von Neid und Hass rief sie einen Jäger und sagte: „Nimm Schneewittchen mit in den Wald. Töte sie und bring mir ihr Herz als Beweis."

Der Jäger hatte Angst vor der Königin und wagte es nicht, ihr zu widersprechen. Heimlich nahm er Schneewittchen mit und brachte sie hinaus in den Wald. Doch er konnte sich nicht überwinden, das schöne,

weinende Mädchen zu töten. Deshalb sagte
er: „Lauf weg und komm nie wieder zurück,
denn die Königin will dich tot sehen."

Der Jäger erlegte ein Wildschwein, nahm
dessen Herz mit zur Königin und sagte, er
hätte ihren Befehl ausgeführt. Schneewittchen aber verschwand schnell im Wald.

Sie lief und lief, bis der Abend kam und sie
ein kleines Haus entdeckte. Sie war so müde,
dass sie hineinging, um sich auszuruhen. Alles
in dem Häuschen war klein und zierlich, aber
sehr reinlich. Auf einem Tischlein standen
sieben Tellerlein und Becherlein, daneben
lagen je sieben Messerlein, Gäbelein und
Löffelein. An der Wand standen sieben kurze
Betten. Schneewittchen aß von jedem Teller
ein wenig und nahm einen winzigen Schluck

aus jedem Becher. Dann ließ sie sich in eines der Bettchen fallen und schlief sofort ein.

Später am Abend kamen die Besitzer des Hauses zurück. Es waren sieben Zwerge, die in den Bergen nach Edelsteinen schürften. Sie waren sehr erstaunt, als sie Schneewittchen sahen. „Ach, herrje", riefen sie, „ist das ein Engel?" Sie hielten die ganze Nacht bei dem Mädchen Wache.

Als Schneewittchen aufwachte, erschrak sie sehr beim Anblick der Zwerge. Doch diese sprachen nett mit ihr und Schneewittchen erzählte ihnen, was ihr zugestoßen war. Die Zwerge hatten sofort Mitleid mit ihr und sagten: „Du kannst hier bei uns bleiben", und das Mädchen willigte dankbar ein. Fortan hielt Schneewittchen das Haus in Ordnung

und kochte das Abendessen, während die Zwerge bei ihrer Arbeit in den Bergen waren.

„Nimm dich vor deiner Stiefmutter in Acht", ermahnten die Zwerge sie oft. „Eines Tages wird sie erfahren, dass du nicht tot bist, und nach dir suchen. Lass niemals jemanden ins Haus, wenn wir bei der Arbeit sind!"

Monate vergingen und Schneewittchen war glücklich, sie und die Zwerge hatten einander sehr lieb. Doch als die Königin eines Tages wieder ihren Zauberspiegel befragte, antwortete der ihr: „Frau Königin, Ihr seid die Schönste hier, aber Schneewittchen hinter den Bergen bei den sieben Zwergen ist tausendmal schöner als Ihr."

Da stampfte die Königin wütend mit dem Fuß auf, denn ihr wurde klar, dass der Jäger sie betrogen hatte. Sie nahm sich einen Apfel und murmelte über ihm eine Zauberformel. Danach war von der köstlich aussehenden Frucht nur die grüne Hälfte essbar, die rote Hälfte aber war vergiftet. Die Königin zischte einen weiteren Fluch und mit einem Mal war sie als alte Hausiererin verkleidet. So machte sie sich auf den Weg in den Wald.

Als sie zum Zwergenhäuschen gelangte, klopfte sie an die Tür und rief: „Äpfel zu verkaufen! Köstliche, saftige, süße Äpfel!"

Schneewittchen streckte den Kopf aus dem Fenster und sagte: „Ich darf niemanden hereinlassen, die sieben Zwerge haben es mir verboten."

„Hab keine Angst, ich will dir nichts zu Leide tun", sagte die alte Frau und lächelte.

„Sieh her, ich werde zuerst davon essen. Dann wirst du sehen, dass es ungefährlich ist."

Sie zog ein Messer heraus und schnitt die grüne Hälfte des Apfels ab. Dann biss sie hinein. „Siehst du?", sagte die Alte. „Köstlich!"

Da griff Schneewittchen durch das Fenster und nahm die rote Hälfte. Doch sobald sie hineingebissen hatte, fiel sie tot zu Boden. Die verkleidete Königin stieß ein grausames Lachen aus und eilte zurück in ihren Palast.

Als die Zwerge nach Hause kamen und Schneewittchen fanden, waren sie entsetzt. Sie bemerkten, dass sie nicht mehr atmete! Da fielen sie sich gegenseitig in die Arme und weinten. Sogar die wilden Tiere des Waldes weinten um das schöne Schneewittchen. Die Zwerge brachten es nicht übers Herz, das

Mädchen unter der Erde zu begraben. Also bauten sie einen Sarg aus Glas, in den sie Schneewittchen hineinlegten. Den stellten sie an einen herrlichen Ort vor ihrem Häuschen, an dem Wildblumen wuchsen. Sie hielten abwechselnd Wache, damit Schneewittchen auch im Tode niemals allein sein musste.

Tage wurden zu Wochen und Wochen wurden zu Monaten, doch Schneewittchen sah noch immer so aus, als wäre sie gerade erst eingeschlafen. Da kam eines Tages ein Königssohn durch den Wald geritten, der am Zwergenhaus anhielt, um sich auszuruhen. Traurig zeigten ihm die Zwerge den gläsernen Sarg, in dem das schöne Mädchen lag, als ob es schliefe. Als der Prinz Schneewittchen erblickte, verliebte er sich in sie. Er beugte

sich tief hinunter, um sie näher betrachten zu können. Dabei stolperte er und stieß gegen

den Sarg. Da fing Schneewittchen plötzlich an zu husten. Das Apfelstück hatte in ihrem Hals gesteckt und kam nun herausgeflogen! Sie öffnete die Augen und richtete sich auf.

Der Prinz bestand darauf, Schneewittchen mit in seinen Palast zu nehmen, damit sie sich dort erholen konnte. Schon bald darauf heirateten die beiden und die Zwerge waren die Ehrengäste auf dem Hochzeitsfest.

Indes befragte die Stiefmutter wieder ihren Spiegel: „Spieglein, Spieglein an der Wand, wer ist die Schönste im ganzen Land?"

Da antwortete der Spiegel: „Frau Königin, Ihr seid die Schönste hier. Aber Schneewittchen, die junge Königin, ist tausendmal schöner als Ihr."

Das machte die böse Frau so zornig, dass ihre schwarze Magie sie in Flammen aufgehen ließ. Es blieb nur noch ein Häufchen Asche von ihr übrig und sie konnte Schneewittchen nie wieder etwas zu Leide tun.

Jorinde
und
Joringel

Es war einmal ein altes Schloss
mitten in einem großen, dichten Wald.
Darin lebte eine alte Frau, die eine Hexe
war und sich in eine Katze oder eine Eule
verwandeln konnte. Sie konnte auch wilde
Tiere zu sich locken, um sie zu verschlingen.

Außerdem hatte sie das Schloss mit einem Fluch belegt, der bewirkte, dass jedes Lebewesen, das sich ihm auf hundert Schritte näherte, zu einer Statue erstarrte. Wenn aber ein junges Mädchen zu dicht ans Schloss herankam, verwandelte die Hexe es in einen Vogel und steckte es in einen Käfig. Auf diese Weise hatte sie schon siebentausend Vögel eingefangen.

In einem Dorf in der Nähe hatte ein schönes Mädchen namens Jorinde versprochen, einen jungen Mann namens Joringel zu heiraten. An einem Sommerabend machten die beiden einen Spaziergang durch den Wald. Sie waren so in ihr Gespräch vertieft, dass sie nicht darauf achteten, wohin sie gingen, und plötzlich merkten sie, dass sie zu nahe an das

Schloss der Hexe geraten waren. In dem
Augenblick, als sie sich der Gefahr bewusst
wurden, verwandelte sich Jorinde schon in
eine Nachtigall, die ein trauriges Lied sang.
Joringel war entsetzt, aber er konnte sich
nicht rühren, weil er zu Stein erstarrt war.

Da kam eine Eule vom Himmel herunter-
geschwebt und flatterte zu Boden. Sie wurde
zu einer alten Frau mit
grausamen Augen
und einer langen,
krummen
Nase, die ihr
fast bis zum
Kinn reichte. Sie mur-
melte vor sich hin, fing die
Nachtigall ein und stapfte

mit ihr davon. Joringel konnte sie nicht aufhalten, er konnte noch nicht einmal schreien.

Er stand hilflos da, bemerkte aber nach einiger Zeit, dass die alte Frau zurückkam. Plötzlich spürte Joringel, dass er sich wieder bewegen konnte. Er fiel sofort vor der Hexe auf die Knie und flehte sie an, ihm seine geliebte Jorinde zurückzugeben. Doch die Hexe lachte nur, erklärte ihm, dass er sie niemals wiedersehen würde, und verschwand.

Da weinte Joringel herzzerreißend, er lief im Wald umher und rief nach Jorinde, aber es nützte alles nichts. Am Ende blieb ihm nichts übrig, als traurig nach Hause zu gehen.

Joringel dachte jeden Tag an Jorinde und fragte sich, wie er sie retten könnte. Da träumte er eines Nachts, dass er eine blutrote

Blume auf einer Wiese fand. Er pflückte im Traum die Blume und ging zum Schloss der Hexe. Dabei konnte ihm nichts geschehen, denn die Blume brach jeden bösen Fluch.

Als Joringel aufwachte, machte er sich auf die Suche nach der blutroten Blume. Acht Tage lang suchte er landauf und landab. Am neunten Morgen sah er endlich die Blume auf einer Wiese und sie sah genauso aus wie in seinem Traum. Er pflückte sie und trug sie vorsichtig den ganzen Weg zurück in den Wald der Hexe.

Immer näher kam er dem verwunschenen Schloss und als er noch einhundert Schritte davon entfernt war, merkte er, dass er nicht reglos wurde wie beim letzten Mal, sondern dass er einfach weitergehen konnte. Außer

sich vor Freude ging er zum Schlosstor. Es war verschlossen, aber als Joringel es mit der Zauberblume berührte, sprang es auf. Joringel betrat den Schlosshof und lauschte, ob irgendwo Vogelstimmen zu hören waren. Da! Er eilte in die Richtung, aus welcher der Gesang kam.

Das Gezwitscher wurde immer lauter, bis er zu einem Raum voller Vogelkäfige kam. Dort fütterte die Hexe gerade die Vögel. Als sie Joringel erblickte, hüpfte sie vor Wut auf und ab.

„Wie bist du hierhergekommen?", kreischte sie.

Ihre Hände wurden zu Klauen und aus ihrem

Jorinde und Joringel

Mund spritzte Gift. Sie wollte sich auf Joringel stürzen, doch als sie noch drei Schritte von ihm entfernt war, war es, als würde sie gegen eine unsichtbare Mauer prallen. Sie schlug mit den Fäusten dagegen, trat um sich und schrie vor Zorn, aber sie konnte ihn nicht erreichen. Da nahm Joringel seinen ganzen Mut zusammen, beachtete sie nicht weiter und ging im Zimmer umher. Er schaute in jeden Käfig, doch zu seinem Entsetzen gab es Hunderte von Nachtigallen! Wie sollte er herausfinden, welche davon seine Jorinde war?

Während er noch verzweifelt vor den Käfigen stand, merkte er,

375

dass sich die Hexe leise zur Tür schlich. Unter dem Arm trug sie einen Käfig, in dem eine Nachtigall saß. Er stürzte sich auf die Hexe und berührte sie mit der Blume. Diesmal war sie es, die zur Statue erstarrte, und all ihre Zauberkräfte waren verschwunden.

Dann berührte Joringel die Nachtigall mit der Blume und augenblicklich stand Jorinde vor ihm und umarmte ihn glücklich. Danach verwandelten sie alle gefangenen Vögel mit Hilfe der Blume in Mädchen zurück, so dass diese nach Hause zurückkehren konnten.

Eine Woche später vermählten sich Jorinde und Joringel. Die blutrote Blume brachte ihnen Glück bei allem, was sie unternahmen, und sie lebten glücklich und zufrieden bis ans Ende ihrer Tage.

Die Gold-kinder

$\mathcal{E}$s lebten einmal ein Fischer und seine Frau, die sehr arm waren und in einem winzigen Häuschen wohnten. Eines Tages fing der Fischer einen goldenen Fisch.

„Bitte, wirf mich ins Wasser zurück und ich verwandle deine Hütte in einen Palast",

versprach ihm der Fisch. Da warf der Fischer den goldenen Fisch zurück ins Wasser und ging nach Hause. Dort, wo die winzige Hütte gestanden hatte, fand er tatsächlich einen herrlichen Palast vor. Er ging hinein und fand seine verdutzte Frau am Tisch, auf dem ein Festmahl stand.

Damit war das Glück des Paares aber noch nicht erschöpft: Nicht lange Zeit danach bemerkten sie zwei goldene Lilien, die vor dem Schloss- tor wuchsen. Dann bekam das Pferd im Stall zwei goldene Fohlen. Als Nächstes brachte die Frau des Fischers zwei Söhne zur Welt, die, obwohl sie lebendig waren, ganz und gar aus Gold bestanden. Die beiden wuchsen zu großen, starken, schönen jungen Männern heran und waren die besten Freunde.

Es kam die Zeit, in der sie zu dem Fischer sagten: „Vater, wir wollen unsere goldenen Rösser nehmen und hinaus in die Welt ziehen. Achte auf die beiden goldenen Lilien vor dem Tor. Solange sie blühen, werdet ihr wissen, dass wir am Leben sind und dass es uns gut geht. Wenn sie aber welken, dann weißt du, dass uns Gefahr droht oder wir krank sind. Wenn die Lilien gar absterben, dann wirst du wissen, dass auch wir tot sind."

Damit verabschiedeten sie sich und ritten davon. Die Brüder ritten, bis sie zu einem Wirtshaus gelangten. Die Leute dort lachten und johlten, als sie die beiden Männer aus Gold erblickten. Einer der Brüder grämte sich so über den Spott, dass er umkehrte und nach Hause zurückritt. Der andere hingegen beschloss, nicht aufzugeben. Er bedeckte sich und sein Pferd mit Tierfellen, damit man das Gold nicht mehr sehen konnte. Dann setzte er seinen Weg fort und gelangte bald darauf in ein Dorf.

Dort fand er die schönste Frau, die er jemals gesehen hatte. Er sprang von seinem Pferd, ging geradewegs zu ihr und fragte sie, ob sie seine Frau werden wollte. Zu seiner großen Freude verliebte sich die junge Frau in

ihn, obwohl er noch immer in Tierfelle gekleidet war, und sagte ja. Noch am selben Tag
wurde unter großem Jubel die Hochzeit der
beiden gefeiert.

In der Nacht träumte der junge Mann, er
würde einen herrlichen Hirsch jagen. Der
Traum erschien ihm so wirklich, dass er
seiner Frau davon erzählte, als er aufwachte.
Er machte sich auf den Weg in den Wald, um
zu sehen, ob der Traum wahr werden würde.

Tatsächlich erblickte der junge Mann
schon bald einen herrlichen Hirsch zwischen
den Bäumen. Er zielte mit seinem Bogen und
wollte gerade schießen, da rannte der Hirsch
davon. Unermüdlich folgte der junge Mann
ihm den ganzen Tag lang durch den Wald,
bis er am Abend merkte, dass er sich verirrt

hatte. Er blickte sich um und überlegte, wie er wieder aus dem Wald herausfinden könnte.

Nach einer Weile entdeckte er zwischen den Bäumen ein kleines Haus. Er klopfte an die Tür, weil er um etwas zu essen und zu trinken bitten wollte. Doch als die Tür aufging, stand eine Hexe vor ihm.

„Was wollt Ihr so spät noch im großen Wald?", krächzte die hässliche alte Frau.

„Ich habe einen Hirsch gejagt", erwiderte der junge Mann.

„Was? Du hast versucht, meinen Hirsch zu töten?", zeterte die Hexe.

Sie deutete mit dem Finger auf ihn und murmelte einen Fluch, woraufhin der junge Mann zu Boden fiel und sich in einen großen Stein verwandelte. Da lachte die Hexe nur, ging in ihr Häuschen zurück und schlug die Tür zu.

Die Frau des jungen Mannes wartete die ganze Nacht auf ihn und machte sich große Sorgen, dass ihm etwas Schreckliches zugestoßen sein könnte. Als es Morgen wurde, war er immer noch nicht zurück. Inzwischen bemerkte der Bruder des jungen Mannes im Schloss des Fischers, dass eine der goldenen Lilien verwelkte.

„Gott im Himmel!", rief er. „Mein Bruder muss in Gefahr sein."

Er sprang auf sein goldenes Pferd und galoppierte wie der Wind los, am Wirtshaus vorbei und in den großen Wald hinein. Dort fand er das kleine Häuschen und den riesigen Stein, der davor lag, und wusste sofort, dass

BÖSE HEXEN

dies sein armer Bruder sein musste.

Die Hexe hatte ihn gehört und kam aus dem Haus gehumpelt.

„Ich habe noch nie zuvor einen goldenen Mann gesehen", rief sie. „Komm herein, mein Lieber. Lass mich dich ansehen."

Natürlich wollte sie ihn in die Falle locken. Aber der junge Mann ging nicht in ihre Nähe. Stattdessen spannte er seinen Bogen, zielte auf sie und sagte: „Ich werde dich erschießen, wenn du meinen

384

Bruder nicht augen-
blicklich wieder
zum Leben
erweckst."
Da knurrte
die Hexe,
aber ihr blieb
keine andere
Wahl. Mit
dem Zeige-
finger berührte sie den
Stein und der junge Mann verwandelte sich sofort wieder zurück in seine
goldene menschliche Gestalt. Er warf seine
Tierfelle von sich und sprang hinter seinem
Bruder auf das goldene Ross, das wie der
Wind mit den beiden durch den Wald

davongaloppierte. Wie die Hexe da heulte, als sie sah, dass die beiden goldenen Männer ihren Fängen entkommen waren!

So kam der junge Mann zurück zu seiner Frau. Sie war außer sich vor Freude über seine Rückkehr, aber auch erstaunt, als sie seine wahre, goldene Gestalt sah.

Als sein Bruder nach Hause zurückkehrte, sah er, dass die verwelkte Lilie sich wieder aufgerichtet hatte und in voller Blüte stand. Und alle lebten glücklich und zufrieden bis ans Ende ihrer Tage.

Die
Alte
im
Wald

$\mathcal{E}$s war einmal eine arme Dienstmagd, die in den Wald geschickt wurde, um Kräuter zu sammeln. Die junge Frau kam jedoch vom Weg ab und verirrte sich. Da begann sie bitterlich zu weinen.

„Was soll bloß aus mir werden?"

Die junge Frau wanderte umher und suchte nach einem Weg, aber sie konnte keinen finden. Als es Abend wurde, sank sie erschöpft unter einen Baum.

Da kam zu ihrer Überraschung eine weiße Taube angeflogen, die einen kleinen, goldenen Schlüssel im Schnabel trug. Die Taube legte der jungen Frau das Schlüsselchen in die Hand und sagte: „Geh zu diesem großen Baum dort, an seinem Stamm findest du ein winziges Schloss, das du mit diesem Schlüssel öffnen kannst."

Da ging die junge Frau zu dem Baum und öffnete das Schloss. Drinnen fand sie Brot, Käse und Milch. Sie aß und trank und fühlte sich danach viel besser.

„Um diese Zeit gehen daheim die Hühner in den Hühnerstall und setzen sich zum Schlafen auf die Stange", seufzte sie vor sich hin. „Ich wünschte, ich könnte auch in mein Bett gehen."

In diesem Augenblick kam wieder die Taube angeflogen, dieses Mal mit einem anderen goldenen Schlüsselchen im Schnabel.

„Mit diesem Schlüssel lässt sich der noch größere Baum da drüben öffnen", erklärte die

Taube und die junge Frau öffnete sogleich den Baum. Sie traute kaum ihren Augen, als sie darin ein schönes, weißes Bett fand. Sie kroch unter die weichen Decken und konnte gerade noch „ach, danke, danke" murmeln, bevor sie einschlief.

Am Morgen kam die weiße Taube zum dritten Mal angeflogen. Wieder hatte sie ein goldenes Schlüsselchen dabei, mit dem die junge Frau einen weiteren Baum aufschließen konnte. Als sie das tat, fand sie wunderschöne Kleider darin. Sie waren mit Gold und Edelsteinen bestickt und einer Prinzessin würdig. Nun fasste die junge Frau neuen Mut und ihr Herz war voller Hoffnung.

„Wärest du auch bereit, etwas für mich tun?", fragte die Taube da die junge Frau.

Die Alte im Wald

„Natürlich", sagte diese sofort. „Ich würde dich sehr gerne für all die Freundlichkeit entlohnen, die du mir erwiesen hast."

„Danke", sagte die Taube, „ich werde dich zu einem kleinen Haus führen. Die Frau, die dort wohnt, wird dir die Tür aufmachen. Sprich kein Wort mit ihr und geh einfach rechts an ihr vorbei hinein. Drinnen befindet sich eine kleine Tür. Wenn du sie öffnest, gelangst du in eine Kammer voller Ringe in allen Formen und Größen. Viele glitzern und funkeln vor Gold, Silber und Edelsteinen, aber von denen darfst du keinen nehmen. Such den Einfachsten und Unscheinbarsten von allen Ringen und bringe ihn mir."

Die junge Frau folgte der Taube zu dem Häuschen. Sie klopfte an die Tür und eine alte Frau kam heraus, um die herum es vor schwarzer Magie nur so knisterte. Die junge Frau erkannte sofort, dass sie es mit einer Hexe zu tun hatte, und fürchtete sich.

„Guten Tag, mein Kind", sagte die Hexe, „was kann ich für dich tun?"

Doch die junge Frau erinnerte sich an das, was die Taube gesagt hatte, und gab keine Antwort. Stattdessen schob sie sich rechts an der Hexe vorbei und obwohl die Alte versuchte, nach ihr zu greifen, gelang es ihr, sich ihrem Griff zu entziehen. Die junge Frau eilte zu der kleinen Tür und ging in die Kammer, die, genau wie die Taube gesagt hatte, mit Ringen angefüllt war. Gold, Silber und Edelsteine schimmerten dort wie ein Regenbogen in der Sonne. Die junge Frau nahm auf der

Suche nach dem schlichten, unscheinbaren Ring einen nach dem anderen in die Hand, aber sie konnte keinen finden.

Während sie noch suchte, bemerkte sie hinter sich eine Bewegung. Sie wirbelte herum und sah, dass sich die Hexe mit einem Korb in der Hand aus dem Häuschen schleichen wollte. Die junge Frau rannte zu ihr und riss ihr den Korb aus den Händen. Darin saß ein Kätzchen mit einem Band um den Hals. An dem Band hing ein sehr schlichter, unscheinbarer Ring. Schnell wie der Wind löste die junge Frau das Band, nahm den Ring und rannte aus dem Haus hinaus in den Wald.

Sie blieb erst stehen, als sie sich sehr weit von dem Hexenhaus entfernt hatte. Dann lehnte sie sich an einen Baum, um Atem zu

schöp-
fen, und
wartete auf
die weiße
Taube. Sie
wartete und
wartete, aber
die Taube kam nicht.
Gerade als die
junge Frau schon
verzweifeln wollte,
spürte sie, wie sich
die Äste des Baums
hinter ihr beweg-
ten. Sie schlangen
sich um ihre

Taille und wurden zu Armen. Sie drehte sich um und sah, dass sich der Baum in einen schönen jungen Mann verwandelt hatte. Er küsste sie und sagte: „Die alte Hexe hatte mich mit einem Fluch belegt, durch den ich zwei Stunden am Tag in eine Taube verwandelt war und die übrige Zeit in einen Baum. Als du ihr den Ring weggenommen hast, hast du ihre Macht gebrochen und mich erlöst."

Die junge Frau lächelte froh und viele Bäume verwandelten sich in die Diener und Pferde des jungen Mannes, denn auch sie waren verwünscht worden. Da führte der Mann sie alle zu seinem Palast, er war nämlich ein Prinz. Er nahm die gütige, tapfere Dienstmagd zur Frau und sie lebten glücklich und zufrieden bis ans Ende ihrer Tage.

Fundevogel

Es war einmal ein Jäger, der ritt hinaus in den Wald, um zu jagen. Während er zwischen den Bäumen dahintrabte, hörte er auf einmal ein kleines Kind schreien. Er folgte dem Geräusch bis zu einem hohen Baum, an dem sich in schwindelnder Höhe

ein kleiner Junge an einem Ast festklam-
merte. Der Jäger vermutete, dass ein Adler
den Jungen irgendwo geraubt und versucht
hatte, ihn mit in sein Nest zu nehmen.

Er kletterte auf den großen Baum, nahm
das weinende Kind behutsam in die Arme
und sagte freundlich zu ihm: „Hör auf zu
weinen. Ich werde gut für dich sorgen und
dich Fundevogel nennen, weil ich dich gefunden habe. Du kannst bei mir wohnen und
zusammen mit meiner kleinen Tochter
Lenchen aufwachsen."

Genau so geschah es. Die Jahre vergingen
und die Kinder hatten einander sehr lieb.
Wenn sie irgendetwas ohne den anderen tun
mussten, waren sie so lange traurig, bis sie
wieder beisammen sein konnten.

Im Hause des Jägers wohnte auch eine alte Köchin namens Sanne. Niemand wusste, dass sie in Wirklichkeit eine Hexe war. Eines Abends beobachtete Lenchen, wie Sanne immer und immer wieder in zwei Eimern Wasser vom Brunnen holte.

„Warum bringst du so viel Wasser ins Haus?", fragte Lenchen.

„Du musst mir versprechen, es niemandem zu sagen", antwortete die alte Frau. „Morgen früh, wenn dein Vater im Wald ist, stelle ich einen großen Kessel voller Wasser aufs Feuer, um etwas ganz Besonderes zu kochen, nämlich den Fundevogel."

Lenchen schnappte nach Luft, ihre Augen wurden so groß wie Untertassen, doch sie sagte kein Wort. Die alte Frau kicherte vor sich hin und schlurfte davon, um noch mehr Wasser zu holen.

Am nächsten Morgen stand der Jäger wie immer vor Sonnenaufgang auf und ging in den Wald. Lenchen, welche die ganze Nacht kein Auge zugetan hatte, hörte ihn fortgehen und machte sich große Sorgen. Sie rüttelte Fundevogel wach und gab ihm ein Zeichen, leise zu sein.

„Ich werde dich niemals verlassen", flüsterte sie ihrem Bruder zu.

„Ich werde dich auch nie verlassen", flüsterte der Junge zurück.

„Dann musst du mir jetzt vertrauen", sagte Lenchen. „Die alte Sanne ist eine Hexe und will dich in ihrem Kessel kochen. Wir müssen weglaufen, und zwar sofort."

Die beiden Kinder zogen sich rasch an und schlüpften leise aus dem Haus. Bis die alte Sanne aufgestanden war und den Wasserkessel aufgesetzt hatte, waren sie längst im Wald verschwunden.

Die Hexe wurde außerordentlich zornig, als sie sich in das Schlafzimmer der Kinder schlich und feststellte, dass diese weggelaufen waren. Sie stapfte davon und brüllte den Diener des Jägers an: „Diese ungezogenen Kinder sind weggelaufen, hol sie sofort zurück!" Der verängstigte Diener machte sich auf den Weg, um die Kinder zu suchen.

Bald darauf hörten Lenchen und Fundevogel schon die Schritte ihres Verfolgers hinter sich. In Windeseile verwandelte sich Fundevogel in einen Rosenstock und Lenchen in eine Rose, die daran wuchs. Der Diener rannte an ihnen vorbei und war kurz darauf sehr verwirrt, weil keine Fußspuren der Kinder mehr zu sehen waren. Es blieb ihm nichts anderes übrig, als nach Hause zurückzukehren.

„Wo sind die Kinder?", kreischte die alte Sanne, als sie den Diener allein aus dem Wald kommen sah.

„Ich bin ihren Fußspuren gefolgt, aber sie führten nur zu einem kleinen Rosenstock mit einer einzelnen Rose daran", erklärte er.

„Du Einfaltspinsel!", brüllte ihn die alte Köchin an. „Du hättest den Rosenstock abschneiden, die Rose abbrechen und mir beides bringen sollen. Nun muss ich wohl selbst hinausgehen und sie mir holen!"

Sie hinkte und humpelte in den Wald, während sie immer noch über die Dummheit des Dieners schimpfte. Nach einer Weile hörten die Kinder die alte Hexe kommen.

Im Nu verwandelte sich Fundevogel in einen Teich und Lenchen wurde zu einem Entchen, das darauf schwamm. Die alte

Sanne kam erhitzt und keuchend dort an und beugte sich über den Teich, um einen Schluck Wasser zu trinken. Als ihr hässliches Gesicht ganz dicht über der Wasseroberfläche war, zog das Entchen mit seinem Schnabel die Hexe an den Haaren ins Wasser, so dass die alte Hexe ertrank.

Die Kinder jedoch gingen froh zusammen nach Hause und lebten glücklich und zufrieden bis ans Ende ihrer Tage.

Hänsel
und
Gretel

Vor langer Zeit lebte ein Holzfäller mit seinen beiden Kindern, einem Jungen und einem Mädchen, im Wald. Der Junge hieß Hänsel, das Mädchen Gretel. Die Mutter der Kinder war gestorben, deshalb hatte der Holzfäller wieder geheiratet. Doch die neue Frau war böse und konnte Hänsel und Gretel nicht leiden. Die Familie war so arm, dass sie eines Tages nicht einmal mehr genug zu essen hatte.

„Was soll bloß aus uns werden?", seufzte der Holzfäller. „Wir haben weder genug zu essen für uns selbst noch für die Kinder."

„Weißt du was?", sagte seine Frau. „Morgen früh führen wir die Kinder tief in den Wald und lassen sie dort. Sie werden nie wieder nach Hause finden und wir sind sie los."

Der Holzfäller war entsetzt von diesem Plan, doch seine Frau flüsterte ihm die ganze Nacht niederträchtige Worte ins Ohr, bis er sich widerstrebend einverstanden erklärte.

Die beiden hatten keine Ahnung, dass die Kinder alles gehört hatten, weil sie so hungrig

waren, dass sie nicht schlafen konnten. Gretel weinte, doch Hänsel sagte: „Mach dir keine Sorgen, ich weiß, was wir tun müssen."

Er zog seine Jacke an und schlüpfte leise aus dem Haus. Draußen sammelte er so viele Kieselsteine, wie in einen Beutel passten. Dann schlich er sich wieder nach drinnen und sagte zu Gretel: „Alles wird gut, das verspreche ich dir."

Die Kinder schlangen die Arme umeinander und blieben den Rest der Nacht über so sitzen, schließlich schliefen sie sogar ein. Kurz vor Sonnenaufgang weckte die Frau die Kinder auf.

„Wir gehen in den Wald, um Feuerholz

zu sammeln", sagte
sie und gab Gretel ein
Stückchen Brot, das sie sich zum
Mittagessen mit Hänsel teilen sollte.
Sie gingen los. Doch hin und wieder, wenn
die böse Frau gerade nicht hinsah, ließ Hänsel
einen der weißen Kieselsteine aus seinem

Beutel fallen. Als sie mitten im Wald angelangt waren, entfachte die Frau ein Feuer.

„Bleibt hier, euer Vater und ich wollen
noch mehr Holz sammeln gehen", sagte sie.
Dann verschwand sie zusammen mit dem
Vater im Wald und natürlich kehrten die
beiden nicht zurück. Die Kinder warteten, bis
die Nacht hereinbrach, Gretel bekam Angst
und fing an zu weinen. Hänsel ergriff jedoch
einfach ihre Hand und folgte den weißen
Kieselsteinen, die im Mondschein schimmerten, bis zurück nach Hause.

Ihre Stiefmutter erschrak, als sie zur Tür
hereinkamen, auch wenn sie so tat, als würde
sie sich freuen: „Oh, meine beiden Lieblinge,
als ich euch im Wald verloren habe, hätte es
mir fast das Herz gebrochen!", sagte sie.

Hänsel und Gretel

Doch in der Nacht redete sie ihrem Mann wieder ein, dass sie die Kinder loswerden müssten, gleich am nächsten Tag sollten sie noch tiefer im Wald zurückgelassen werden. Hänsel und Gretel waren aber auch diesmal wach und hörten alles. Hänsel stand auf, um wieder Kieselsteine zu sammeln, aber die Frau hatte die Tür abgeschlossen.

„Weine nicht, Gretel", sagte er und umarmte sie. „Uns wird schon etwas einfallen."

Früh am nächsten Morgen gab die Stiefmutter Gretel wieder ein kleines Stück Brot, das sie sich mit ihrem Bruder zum Mittagessen teilen sollte, und führte die beiden in den Wald. Unterwegs krümelte Gretel immer wieder ein wenig Brot auf den Weg, damit sie den Heimweg fänden.

Wie am Tag zuvor ließ die Frau die Kinder an einem Feuer zurück und diese warteten, bis die Nacht hereinbrach. Dann suchten sie nach der Spur aus Brot, aber sie konnten nichts mehr davon finden, denn die Vögel hatten alle Krumen aufgepickt.

„Das ist nicht so schlimm", tröstete Hänsel seine Schwester, „vielleicht finden wir den Weg auch so."

Sie liefen die ganze Nacht und den ganzen nächsten Tag, doch sie konnten den Weg aus dem Wald heraus nicht finden. Dafür sahen sie auf einmal ein kleines Häuschen zwischen den Bäumen. Sie trauten ihren Augen nicht: Es war ganz aus Kuchen gebaut, hatte ein Dach aus Brot und Fenster aus klarem Zucker! Die ausgehungerten Kinder rannten

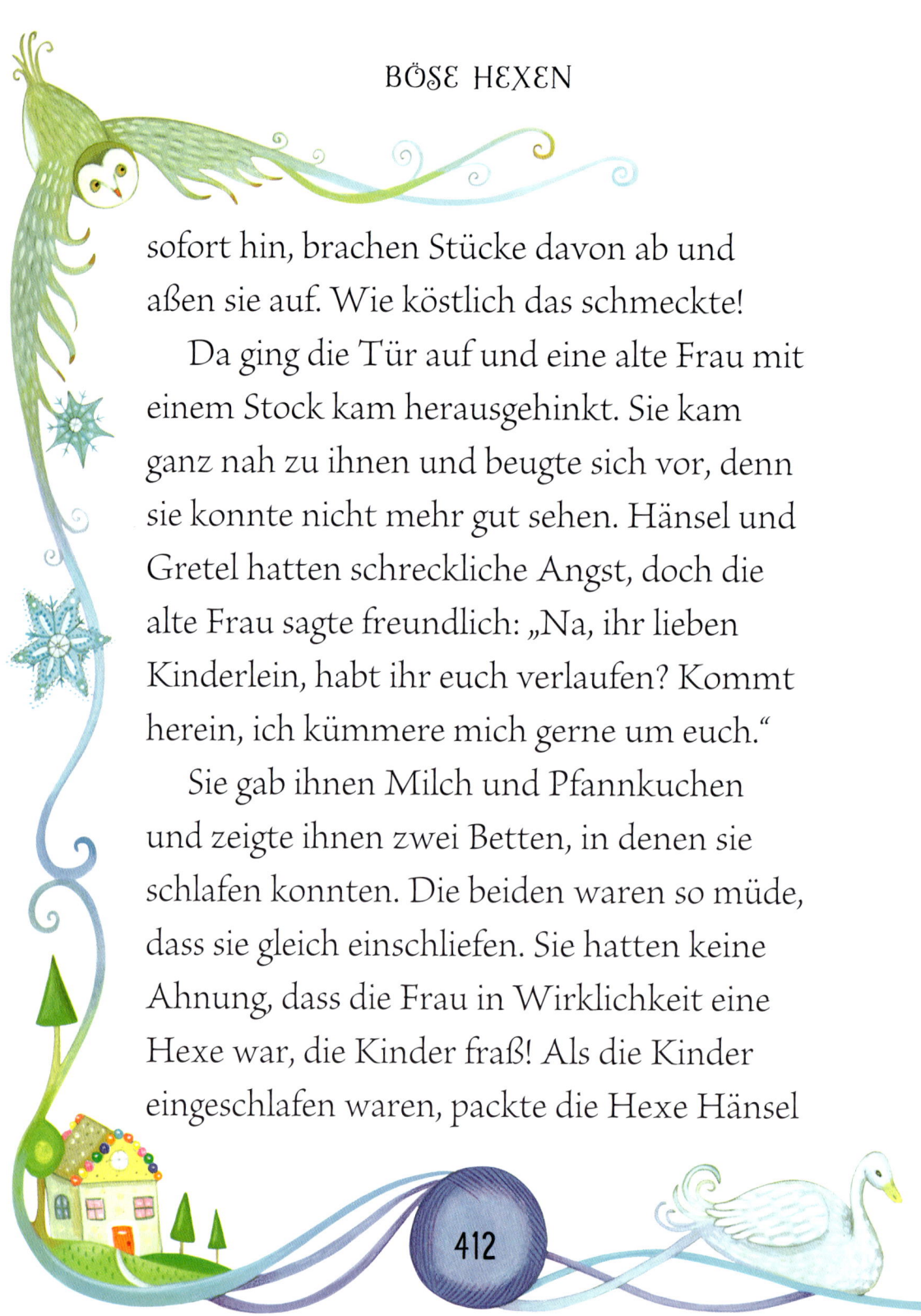

sofort hin, brachen Stücke davon ab und aßen sie auf. Wie köstlich das schmeckte!

Da ging die Tür auf und eine alte Frau mit einem Stock kam herausgehinkt. Sie kam ganz nah zu ihnen und beugte sich vor, denn sie konnte nicht mehr gut sehen. Hänsel und Gretel hatten schreckliche Angst, doch die alte Frau sagte freundlich: „Na, ihr lieben Kinderlein, habt ihr euch verlaufen? Kommt herein, ich kümmere mich gerne um euch."

Sie gab ihnen Milch und Pfannkuchen und zeigte ihnen zwei Betten, in denen sie schlafen konnten. Die beiden waren so müde, dass sie gleich einschliefen. Sie hatten keine Ahnung, dass die Frau in Wirklichkeit eine Hexe war, die Kinder fraß! Als die Kinder eingeschlafen waren, packte die Hexe Hänsel und sperrte ihn in einen Käfig. Er schrie aus Leibeskräften, so dass Gretel aufwachte und angerannt kam. Da zwang die Hexe Gretel, für Hänsel zu kochen, denn sie wollte, dass er fett wurde, bevor sie ihn auffraß.

Gretel musste jeden Tag die schwere Hausarbeit verrichten und für Hänsel etwas Gutes kochen, während sie selbst kaum mehr als Küchenabfälle bekam. Jeden Morgen hinkte die Hexe zu dem Käfig und rief: „Hänsel, streck deinen Finger heraus, damit ich fühlen kann, wie fett du schon bist."

Jeden Morgen hielt ihr Hänsel ein kleines Hühnerknöchelchen hin, damit sie glaubte, er wäre immer noch dünn und mager. Nachdem vier Wochen vergangen waren, wollte die Hexe nicht länger warten.

„Zeit für ein köstliches Mahl aus einem kleinen Jungen", verkündete sie und leckte sich die Lippen. „Aber zuerst backen wir Brot. Mädchen, klettere in den Ofen und schau nach, ob er heiß genug ist."

Die böse alte Frau wollte die Ofentür hinter Gretel zuschlagen und sie zuerst backen. Doch Gretel war klug und sagte: „In den Ofen klettern? Wie meint Ihr das? Könnt Ihr es mir vormachen, damit ich es sehen kann?"

Die alte Hexe meckerte und schimpfte, doch dann trat sie näher und steckte den Kopf in den Ofen. Da versetzte ihr Gretel einen mächtigen Tritt, schlug mit einem Knall die Ofentür zu und verriegelte sie. Die Hexe saß in der Falle! Das tapfere Mädchen rannte sofort zum Käfig und befreite Hänsel.

Hänsel und Gretel

Die beiden tanzten vor Freude und füllten sich die Taschen mit den Schätzen der Hexe. Dann liefen sie in den Wald davon. Während sie rannten, erschien ihnen der Wald um sie herum immer vertrauter und endlich sahen sie das Haus ihres Vaters. Zu ihrer Freude kam er ihnen ohne ihre grässliche Stiefmutter entgegen, denn die war inzwischen krank geworden und gestorben. Ihr Vater hatte die Kinder sehr vermisst und verstand schon längst nicht mehr, wie er hatte zulassen können, dass seine Frau sie im Wald zurückließ.

Hänsel und Gretel leerten ihre Taschen und zeigten ihrem Vater, dass sie sich nie wieder Sorgen um Geld machen mussten. Danach lebten sie glücklich und zufrieden bis ans Ende ihrer Tage.

416

SIE LEBTEN GLÜCKLICH UND ZUFRIEDEN

Aschenputtel

Es war einmal ein reicher Mann,
der lebte allein mit seiner Tochter, denn
seine Frau war gestorben. Nach einiger Zeit
heiratete der Mann wieder. Seine neue Frau
hatte zwei Töchter, die ein wenig älter waren
als seine eigene. Die neue Frau war jedoch oft

schlecht gelaunt und boshaft und ihre Töchter waren genauso schlimm. Sie waren von Anfang an grausam zur Tochter ihres Stiefvaters. Sie nahmen ihr ihre hübschen Kleider weg und zwangen sie, einen alten, grauen Kittel und Holzschuhe zu tragen. Von frühmorgens bis spätabends musste sie hart arbeiten. Sie musste Wasser holen, Feuer anzünden, kochen und waschen. Nachts musste sie in der Asche am Herd schlafen und weil sie deswegen immer schmutzig war, nannten alle die junge Frau Aschenputtel.

Sie war oft traurig. Dann schlich sie sich davon und ging zum Grab ihrer Mutter, auf dem ein schöner Haselstrauch wuchs. Unter diesen Strauch setzte sie sich und hinterher fühlte sie sich immer etwas besser.

Eines Tages ließ der König verkünden, dass er ein Fest geben wollte, das drei Tage dauern sollte. Alle jungen Frauen des Landes waren eingeladen, damit der Prinz eine Braut wählen konnte. Die beiden Stiefschwestern freuten sich und fingen sofort an, Aschenputtel herumzukommandieren.

„Putz unsere Schuhe, hilf uns in unsere Kleider, schließe unsere Halsketten und Armbänder und frisiere uns", befahlen sie.

Mit Tränen in den Augen gehorchte Aschenputtel. Sie wäre natürlich

auch gerne zu dem Fest gegangen, doch ihre
Stiefmutter hatte es ihr verboten. Außerdem
hatte sie nichts, was sie zu so einem Fest
hätte anziehen können.

Sobald die schreckliche Stiefmutter und
ihre beiden hässlichen Töchter aus dem Haus
stolziert waren, ging Aschenputtel zum Grab
ihrer Mutter, setzte sich unter den Haselstrauch und weinte. Da kam ein weißes
Vögelchen geflogen und landete auf dem
Strauch. Es warf Aschenputtel ein wunderschönes besticktes Kleid und Schuhe zu.
Aschenputtels Herz machte einen Freuden-
sprung. Sie zog das Kleid an und eilte davon
zu dem Fest.

Alle waren schon auf dem Ball, der dort
abgehalten wurde, und tanzten. Aschenputtel

tat es ihnen gleich und sah dabei so wunderschön aus, dass keiner die Augen von ihr
abwenden konnte. Sie wirkte so anders als zu
Hause, dass die Stiefmutter und die Stiefschwestern sie nicht erkannten und glaubten,
sie hätten eine fremde Prinzessin vor sich. Als
der Prinz Aschenputtel erblickte, ergriff er
ihre Hand und tanzte mit ihr – und danach
die ganze Nacht mit keiner anderen. Wenn
irgendein Edelmann kam und Aschenputtel
zum Tanz aufforderte, sagte der Prinz jedes
Mal: „Nein, sie gehört zu mir!"

Aschenputtel tanzte bis spät in die Nacht,
doch sie wusste, dass sie vor ihrer Stiefmutter
und ihren Stiefschwestern zu Hause sein
musste. Wenn die zurückkämen und sähen,
dass sie nicht da war, würde sie in gewaltige

Schwierigkeiten geraten. Als einer der Gäste des Balls mit dem Prinzen sprach, gelang es Aschenputtel, sich wegzuschleichen. Sie rannte zum Haselstrauch, zog das schöne Kleid und die Schuhe aus und legte sie auf das Grab ihrer Mutter. Das weiße Vögelchen nahm alles und flog damit davon, während Aschenputtel den grässlichen Kittel und die Holzschuhe anzog. Dann eilte sie nach Hause und legte sich in die Asche vor dem Herd.

Als die Stiefmutter und ihre Töchter nach Hause kamen, redeten sie über nichts anderes als die schöne fremde Prinzessin, welche die ganze Nacht mit dem Prinzen getanzt hatte.

„Wie gerne hätte ich sie gesehen", seufzte Aschenputtel und verschloss ihr Geheimnis tief in ihrem Herzen.

Am nächsten Tag half Aschenputtel der Stiefmutter und den Stiefschwestern erneut in ihre Festkleider, denn das Fest des Königs sollte ja drei Tage dauern. Nachdem sie zum Schloss aufgebrochen waren, ging Aschenputtel wieder zum Grab ihrer Mutter. Das Vögelchen kam mit einem noch schöneren Kleid, das ganz und gar silbern glänzte, und noch schöneren Schuhen herabgeflogen.

Als Aschenputtel in diesem Kleid auf dem Fest erschien, staunten alle noch mehr über ihre Schönheit. Der Prinz hatte schon auf Aschenputtel gewartet. Sofort ergriff er ihre Hand und tanzte nur noch mit ihr. Auch an diesem Abend sagte er immer, wenn ein anderer Aschenputtel zum Tanz aufforderte: „Nein, sie gehört zu mir!"

Aschenputtel

Wieder tanzte Aschenputtel bis spät in die Nacht und schaffte es dann, sich davonzuschleichen. Der Prinz suchte überall nach ihr, konnte sie aber nicht finden. Als die Stiefmutter und die Stiefschwestern nach Hause kamen, saß Aschenputtel bereits wieder in ihrem Arbeitskittel in der Asche.

Am letzten Tag des Fests waren Aschenputtels Stiefmutter und Stiefschwestern sehr aufgeregt, denn heute sollte der Prinz seine Braut wählen. Aschenputtel ging wieder zum Grab ihrer Mutter und das weiße Vögelchen schwebte mit einem goldfarbenen Kleid und glitzernden Schuhen herab, beides war noch einmal schöner als am Tag zuvor.

Als Aschenputtel in diesem Kleid auf dem Ball erschien, waren alle sprachlos. Natürlich

tanzte der Prinz wieder nur
mit Aschenputtel und
wenn ein anderer sie zum
Tanz aufforderte, sagte er:
„Nein, sie gehört zu mir!"

Als es spät wurde,
schlich sich Aschen-
puttel wieder davon.
Doch der Prinz hatte
sich einen Plan zu-
rechtgelegt und die
Treppe mit klebrigem
Pech bestreichen
lassen. Aschen-
puttel war zwar
so geschickt,
dass sie nicht

festklebte, wie der Prinz gehofft hatte, aber einer ihrer Schuhe blieb hängen und sie musste ihn zurücklassen. Der Prinz lächelte, als er den Schuh aufhob, auch wenn Aschenputtel in die Nacht hinausgerannt war.

Gleich am nächsten Morgen machte er sich auf die Suche nach der jungen Frau, welcher der Schuh passte. Er ging von Haus zu Haus, doch keine Frau konnte den Fuß in den zierlichen Schuh zwängen.

Zuletzt kam der Prinz zu Aschenputtels Haus. Er war enttäuscht, als er die beiden hässlichen Stiefschwestern sah. Ihre riesigen Plattfüße würden sicher nicht in den Schuh passen.

427

„Hast du nicht noch andere Töchter?", fragte er verzweifelt den Hausherrn.

„Doch … ja, eine habe ich noch", sagte Aschenputtels Vater unsicher. „Aber sie bleibt immer in der Küche und war bestimmt nicht auf dem Fest."

Das war dem Prinzen egal, er wollte sie sofort sehen. Nervös kam Aschenputtel herein und verneigte sich vor dem Prinzen, der ihr den Schuh gab. Sie zog ihre Füße aus den schweren Holzschuhen und steckte einen in den Schuh. Er passte wie angegossen! Da blickte der Prinz in ihr Gesicht und erkannte die schöne Frau, mit der er getanzt hatte.

„Dies ist meine Braut!", rief er. Er hob sie auf sein Pferd, ritt mit ihr davon und sie lebten glücklich bis ans Ende ihrer Tage.

Die Bremer Stadt- musikanten

Es war einmal ein Mann, der hatte einen Esel, der ihm immer die Getreidesäcke zur Mühle trug. Doch als der Esel viele Jahre lang gearbeitet hatte, ließen seine Kräfte nach und er wurde unter seiner schweren Last immer langsamer. Der Esel merkte, dass ihn der Mann allmählich loswerden wollte, deshalb beschloss er wegzulaufen. Er machte sich auf den Weg nach Bremen.

„Vielleicht kann ich dort mein Brot als Stadtmusikant verdienen", dachte er bei sich. Der Esel war noch nicht weit gekommen, da begegnete er einem alten Hund, der traurig am Straßenrand lag.

„Ich bin alt geworden und kann keine Schafe mehr hüten", sagte der Hund, „deshalb hat mich mein Herr hinausgeworfen."

„Komm mit mir", schlug der Esel vor. „Ich gehe nach Bremen, um Stadtmusikant zu werden. Willst du nicht mitmachen? Ich spiele Laute und du schlägst die Trommel."

„Vielen Dank", sagte der Hund und seine Miene hellte sich auf.

Gemeinsam machten sie sich wieder auf den Weg. Nach einer Weile sahen sie eine Katze am Wegesrand sitzen, die sehr unglücklich aussah.

„Ich bin alt geworden und kann keine Mäuse mehr fangen", erklärte die Katze, „da hat mich meine Herrin hinausgeworfen."

„Komm mit uns", sagte der Esel freundlich. „Wir gehen nach Bremen, um Stadtmusikanten zu werden. Du kannst die Flöte spielen."

„Das mache ich gerne", erwiderte die Katze und sah gleich viel fröhlicher aus.

431

Sie machten sich gemeinsam wieder auf den Weg. Nach einiger Zeit kamen sie zu einem Bauernhof. Auf dem Tor saß ein Hahn und krähte aus Leibeskräften.

„Der Köchin gefällt meine Stimme nicht", sagte der Hahn traurig. „Sie will heute Abend eine Suppe aus mir kochen, deshalb krähe ich jetzt, solange ich noch kann."

„Komm mit uns", sagte der Esel auch zu ihm. „Wir gehen nach Bremen, um Stadt-musikanten zu werden. Du kannst mit uns musizieren – etwas Besseres als den Tod findest du überall!"

„Kikerikiii!", krähte der Hahn erfreut und alle vier gingen gemeinsam ihres Weges.

Da sie zu weit von Bremen entfernt waren, um die Stadt noch am selben Abend erreichen zu können, beschlossen sie, die Nacht im Wald zu verbringen. Der Esel und der Hund legten sich unter einen großen Baum, die Katze ließ sich auf einem Ast nieder und der Hahn flog ganz zur Spitze des Baums hinauf. Bevor er schlafen ging, blickte er sich noch einmal um und meinte, in der Ferne ein kleines Licht zu erkennen.

„Dort drüben ist wohl ein Haus!", rief er zu seinen Freunden hinunter.

Die vier beschlossen hinzugehen und schon bald kamen sie zu einem kleinen Häuschen. Der Esel als der Größte von ihnen ging zum Fenster und schaute hinein.

„Gütiger Himmel!", rief er. „Da ist ein Tisch, auf dem alle möglichen Köstlichkeiten zum Essen und zum Trinken stehen. Aber um den Tisch sitzt eine Räuberbande!"

Da steckten die Tiere die Köpfe zusammen und überlegten, wie sie die Räuber verjagen und das herrliche Mahl für sich selbst gewinnen konnten. Schließlich hatten sie einen Plan. Der Esel stellte die Vorderhufe auf das Fenstersims, der Hund sprang auf den Rücken des

Esels, die Katze kletterte auf den Hund und der Hahn setzte sich auf die Katze. Dann machten sie alle zusammen Musik: Der Esel schrie, der Hund bellte, die Katze miaute und der Hahn krähte. Und sie stürzten durch das Fenster in die Stube hinein, dass das Glas nur so klirrte. Die Räuber fuhren bei diesem entsetzlichen Lärm in die Höhe und glaubten, ein Gespenst käme herein. In panischer Angst flohen sie in den Wald hinaus.

Die vier Kameraden waren sehr zufrieden mit sich. Sie setzten sich an den Tisch und aßen sich gründlich satt. Anschließend suchte sich jeder einen Schlafplatz nach seinem Geschmack und machte es sich gemütlich: Der Esel legte sich auf das Stroh im Hof, der Hund rollte sich hinter der Tür zusammen,

435

die Katze streckte sich in der Küche neben dem Feuer aus und der Hahn ließ sich auf einem Dachbalken nieder.

Doch die Räuber waren nur eine kurze Wegstrecke geflohen und beobachteten inzwischen aus einiger Entfernung das Haus. Als sie sahen, dass die Lichter ausgingen und alles ruhig war, sagte der Räuberhauptmann: „Wir hätten uns nicht so ins Bockshorn jagen lassen sollen."

Er befahl einem der Räuber, hinzugehen und das Haus nach dem Gespenst zu durchsuchen. Weil sie eigentlich alle Angst hatten, schoben sie den jüngsten Räuber vor und er verschwand in der Dunkelheit.

Ängstlich, aber lautlos schlich er zum Haus. Vorsichtig schob er die Tür auf und ging in die Küche, um eine Kerze anzuzünden. Doch die Katze hörte die Tür knarren und wachte auf. In der Dunkelheit hielt der Räuber die funkelnden Augen der Katze für glühende Kohlen im Herd. Er ging hinüber, um ein Streichholz daran anzuzünden, doch da sprang ihm die Katze fauchend und kratzend ins Gesicht.

Der Räuber erschrak gewaltig und rannte zur Hintertür, wo der Hund aufsprang und ihm ins Bein biss. Der Räuber stürzte zur Tür hinaus, doch als er durch den Hof rannte, versetzte ihm der Esel einen kräftigen Tritt mit den Hinterhufen. Von dem Getöse wurde auch der Hahn wach und rief aus Leibeskräften von seinem Balken herunter: „Kikerikiii!"

Da rannte der Räuber so schnell er konnte zu seinem Hauptmann zurück und sagte: „In dem Haus sitzt eine böse Hexe, die mich angefaucht und mir das Gesicht mit ihren Krallen zerkratzt hat. An der Hintertür steht ein Mann mit einem Messer, der hat mir ins Bein gestochen. Im Hof liegt ein Ungeheuer, das hat mich mit einem Holzknüppel geschlagen. Oben auf dem Dach aber sitzt ein Geist, der kreischt und heult!"

Danach trauten sich die Räuber nie wieder zu dem Haus zurück. Den vier Musikanten aber gefiel es so gut, dass sie dort bis ans Ende ihrer Tage glücklich und zufrieden lebten.

König Drosselbart

Es war einmal ein König, der hatte eine wunderschöne Tochter. Doch sie war so stolz, dass sie glaubte, kein Mann sei gut genug für sie. Eines Tages gab der König ein großes Fest, zu dem er alle jungen Männer von nah und fern einlud. Sie stellten sich in dem großen Saal in einer Reihe auf: zuerst die Könige, dann die Herzöge, dann die Prinzen, danach die Grafen und Barone.

Die Prinzessin schritt vor der Reihe auf und ab, um sie sich anzuschauen. Sie hatte aber an allen etwas auszusetzen.

„Der ist zu groß", verkündete sie, oder: „Der ist zu klein …, der ist zu fett …, der ist zu dürr …, der ist zu ernst …, der ist zu albern …, der hat eine lange Nase …, der hat X-Beine …" So fand sie an jedem einen Makel. Am meisten machte sich die Prinzessin aber über einen König lustig, dessen Kinn ein wenig krumm gewachsen war.

„Der hat ein Kinn wie die Drossel einen Schnabel!", lachte sie. „Man sollte ihn König Drosselbart nennen!"

König Drosselbart

Die Prinzessin lachte laut und lange über ihren Scherz. Doch ihr Vater, der König, war zornig, weil sie so grob zu allen Bewerbern war. Er schwor, dass sie den nächstbesten Bettler heiraten sollte, der zum Schloss käme.

Ein paar Tage später kam ein Spielmann und sang draußen vor dem Palast. Als der König ihn hörte, sagte er: „Holt ihn herein, er soll meine Tochter heiraten."

Die Prinzessin bettelte und flehte, doch der König war nicht zu erweichen. Sie wurden verheiratet und die Prinzessin musste mit dem Spielmann den Palast verlassen.

Als ihr neuer Ehemann sie wegführte, tobte sie erst vor Zorn, dann weinte und zeterte sie. Es war aber alles vergebens, sie gingen und gingen, bis sie das Königreich der Prinzessin verlassen hatten und in das Reich eines anderen Königs gelangten. Als sie in einen riesigen Wald kamen, sagte der Spielmann: „Dieser Wald gehört König Drosselbart."

Die Prinzessin seufzte und schluchzte: „Ach, hätte ich doch nur König Drosselbart genommen!"

Dann kamen sie zu einer bunten Blumenwiese und der Spielmann erklärte: „Diese herrliche Wiese gehört König Drosselbart."

Die Prinzessin schniefte: „Ach, hätte ich doch nur König Drosselbart genommen!"

König Drosselbart

Da kamen sie in eine große Stadt und der Spielmann sagte: „Diese lebhafte Stadt gehört König Drosselbart."

Wieder klagte die Prinzessin: „Ach, hätte ich doch nur König Drosselbart genommen."

Schließlich gelangten sie zu einer Hütte und der Spielmann sagte: „Das ist mein Haus und dein neues Heim."

Die Prinzessin musste sich bücken, um durch die niedrige Tür hineinzukommen. „Wo sind die Diener?", fragte sie.

„Welche Diener?", erwiderte der Spielmann. „Du musst dich selbst um alles kümmern. Mach mal Feuer und koch uns ein Abendessen, denn es ist schon spät."

Doch die Prinzessin verstand nichts vom Feuermachen und Kochen, deshalb musste der Spielmann ihr helfen. Als sie ihr karges Mahl beendet hatten, gingen sie schlafen.

Am nächsten Morgen musste die Prinzessin früh aufstehen, um wieder im Haus zu arbeiten. So ging es einige Tage weiter, doch dann hatten sie kein Geld mehr für Essen.

„Du musst Körbe flechten, um sie zu verkaufen", erklärte der Spielmann der Prinzessin.

Er ging hinaus und schnitt Weidenruten. Die Prinzessin gab ihr Bestes, als sie mit ihren zarten Händen die harten Ruten flocht, doch die Körbe gelangen ihr ganz und gar nicht.

„Nun musst du dich auf den Markt setzen und sie anbieten", sagte der Spielmann.

Die Prinzessin ließ den Kopf hängen. „Was werden die Leute aus dem Palast denken, wenn sie mich so sehen", dachte sie bei sich.

König Drosselbart

Doch sie hatte keine Wahl, wenn sie nicht verhungern wollte. Unglücklicherweise verkaufte die Prinzessin nur sehr wenige ihrer schlecht geflochtenen Körbe – und auch die nur, weil einige Leute Mitleid mit ihr hatten, wie sie so schön und so traurig hinter ihren Körben saß. Aber das Geld reichte nicht.

„Geh zu König Drosselbarts Palast, vielleicht kannst du dort als Küchenmagd arbeiten", sagte der Spielmann zu ihr. „Dann bekommen wir unser Essen umsonst."

Damit war die Schande der Prinzessin vollkommen. Sie ging zur Arbeit in der königlichen Küche, wo sie die schmutzigsten und unangenehmsten Aufgaben bekam. Aber sie bekam jeden Abend einen Beutel mit Essensresten, von denen sie und ihr Mann lebten.

Eines Tages wurde den Dienern mitgeteilt,
dass der König bald heiraten werde. Als der
Festtag kam, war die Prinzessin den ganzen
Morgen damit beschäftigt, Böden zu fegen
und zu scheuern und für die Köche Dinge zu
holen und vorzubereiten. Als die Feier begon-

nen hatte, konnte sie nicht widerstehen, sich fortzustehlen und sich an die Tür des großen Saales zu stellen, so dass sie einen Blick auf das wundervolle Fest erhaschen konnte.

Kerzen waren angezündet worden, die Tische waren mit köstlichen Speisen beladen und nach und nach erschienen vornehm gekleidete Gäste. Die Prinzessin wünschte sich einmal mehr von ganzem Herzen, sie wäre netter zu den Menschen gewesen.

Plötzlich kam König Drosselbart herein, er war in Samt und Seide gekleidet und hatte eine goldene Krone auf dem Kopf. Als er die schöne junge Frau in der Tür stehen sah, nahm er ihre Hand und bat sie, mit ihm zu tanzen. Doch sie weigerte sich und wich erschrocken zurück, weil sie daran dachte, wie sie sich über ihn lustig gemacht hatte, als sie sich das letzte Mal begegnet waren.

Der König lächelte sie jedoch freundlich an und sagte: „Hab keine Angst! Ich bin es, der Spielmann. Ich hatte mich die ganze Zeit verkleidet, um dir eine Lehre zu erteilen.“

Da erkannte ihn die Prinzessin. Sie weinte bitterlich und sagte: „Bitte, verzeih mir, ich hätte niemals so grob sein dürfen.“

Der König nahm ihre Hände in seine und sagte: „Weine nicht, das ist alles vergessen. Nun wird es Zeit für eine richtige Hochzeit.“

Die Kammerzofen halfen der Prinzessin in ein wunderschönes Hochzeitskleid. Und auch ihr Vater und sein ganzer Hofstaat kamen, um das frohe Ereignis zu feiern und dem Paar ihre Glückwünsche zu überbringen.

Das tapfere Schneiderlein

An einem Sommermorgen saß ein Schneiderlein auf seinem Tisch am Fenster und nähte frohgemut vor sich hin. Da knurrte ihm der Magen und es schnitt sich eine Scheibe Brot ab, die es dick mit Marmelade beschmierte.

„Ich will nur noch schnell die Naht zu Ende nähen, bevor ich einen Bissen davon nehme", sagte das Schneiderlein zu sich selbst.

Deshalb ließ es das Brot auf einem Teller neben sich liegen, während es noch ein paar Stiche nähte. Inzwischen lockte die süße Marmelade Fliegen an.

„Husch, fort!", rief das Schneiderlein und fuchtelte mit den Händen. „Verschwindet!"

Doch die Fliegen gaben nicht auf, sondern kreisten weiter um das Marmeladenbrot. Der Schneider wurde wütend und zog einen Schuh aus. Er holte aus, schlug fest zu und als er den Schuh wieder hob, klebten sieben Fliegen an der Schuhsohle – sieben Stück!

„Donnerwetter, sieben auf einen Streich!", sagte der Schneider zu sich selbst und bewun-

derte seine eigene Tapferkeit. Er legte die
Jacke beiseite, an der er arbeitete, und nähte
sich rasch einen Gürtel, auf den er die Wörter
SIEBEN AUF EINEN STREICH stickte.

„Wenn ich den trage, kann jeder lesen, was
ich geschafft habe", frohlockte er.

Dann schloss er sein kleines Haus ab und
machte sich daran, die Kunde von seiner Tapferkeit in die Welt hinauszutragen. Immer
seiner spitzen Nase nach wanderte er die
Straße entlang. Nach einer Weile gelangte er
in die Gärten eines königlichen Palasts. Er war
müde, deshalb legte er sich ins Gras und
schlief. Während er friedlich schlummerte,
gingen Menschen vorüber und einer von
ihnen bemerkte den Gürtel des Schneiders.
„SIEBEN AUF EINEN STREICH", las er

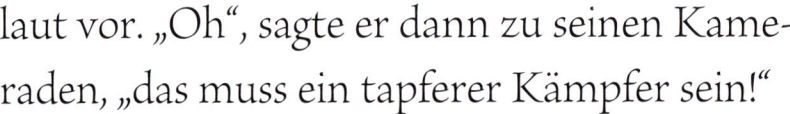

laut vor. „Oh", sagte er dann zu seinen Kameraden, „das muss ein tapferer Kämpfer sein!"

Sie eilten davon, um dem König von ihrer Entdeckung zu erzählen. Der König freute sich und befahl, dass der Schneider sofort zu ihm gebracht werde, denn er hatte eine wichtige Aufgabe für ihn.

„In einem Wald hinter dem Hügel wohnen zwei Riesen, die Angst und Schrecken in meinem Volk verbreiten", sagte der König zum Schneider. „Jeden Tag ziehen sie los, um zu rauben, zu morden und Feuer zu legen. Wenn du die beiden Riesen für mich töten kannst, sollst du meine Tochter zur Frau und die Hälfte meines Königreichs bekommen."

„Das wäre genau das Richtige für einen Mann wie mich", dachte das Schneiderlein bei sich. Laut und kühn sprach es: „ Nichts leichter als das, ich werde es für Euch tun."

Das Schneiderlein brach auf und gelangte bald in den Wald, von dem der König gesprochen hatte. Unter einem Baum schliefen zwei Riesen, die so laut schnarchten, dass sich die Äste des Baumes bogen. Rasch und lautlos sammelte das Schneiderlein zwei Taschen voller Steine. Dann kletterte es flink auf einen Baum, setzte sich genau über die schlafenden Riesen auf einen Ast und warf einem der beiden einen Stein auf die Brust. Sofort wachte der Riese auf und stieß seinen Freund kräftig in die Seite.

„He! Warum schlägst du mich?", schrie er.

„Du träumst wohl, ich habe dich nicht angerührt!", erwiderte der andere Riese.

Die beiden legten sich wieder hin und schliefen weiter. Kaum hatten sie wieder angefangen zu schnarchen, warf der Schneider dem zweiten Riesen einen Stein auf die Brust.

„Warum wirfst du Dinge nach mir?", brüllte jetzt der zweite Riese. Er setzte sich auf und rüttelte seinen Freund.

„Du bist wohl verrückt geworden!", schrie der erste Riese. „Ich werfe überhaupt keine Dinge nach dir."

Sie stritten sich eine Weile, doch dann wurden sie wieder müde und allmählich fielen ihnen die Augen zu. Als beide wieder eingeschlafen waren, nahm der Schneider den größten Stein von allen aus seiner Tasche und warf ihn mit aller Kraft auf die Brust des ersten Riesen.

„Na warte, jetzt bist du dran!", bellte der.
Er sprang auf und schlug seinem Freund
auf die Nase. Der andere schlug geradewegs
zurück und so ging es immer weiter, bis beide
tot zu Boden fielen. Da sprang das Schneiderlein vom Baum herunter und eilte zurück
zum König, um ihm die gute Nachricht zu
überbringen.

„Erledigt", erklärte es einfach. „Wo ist nun
meine Belohnung?"

Da musste der König wohl oder übel sein
Versprechen einlösen. So bekam ein freches
Schneiderlein eine Prinzessin zur Frau und
ein halbes Königreich dazu – und das alles
nur, weil es ein paar Fliegen erschlagen hatte!

Spindel, Weberschiffchen und Nadel

Es war einmal ein Mädchen, dessen Vater und Mutter waren gestorben. Es lebte bei seiner Großmutter, die sich ihr Brot durch Spinnen, Weben und Nähen verdiente. Die alte Frau war freundlich und erzog das Mädchen so, dass es gütig und fleißig wurde.

Als das Mädchen zu einer jungen Frau herangewachsen war, wurde die alte Frau jedoch sehr krank. Sie merkte, dass es mit ihr zu Ende ging, und sagte zu der jungen Frau: „Ich hinterlasse dir mein Häuschen, damit du immer ein Zuhause hast, und meine Spindel, mein Weberschiffchen und meine Nadel, damit du dir deinen Lebensunterhalt verdienen kannst." Dann starb sie.

Fortan lebte die junge Frau ganz allein in dem kleinen Haus und konnte von dem Geld leben, das sie durch Spinnen, Weben und Nähen verdiente. Zu dieser Zeit zog ein Königssohn durch das Land und suchte nach einer Braut. Er hatte vorher verkündet: „Ich werde das Mädchen heiraten, das zugleich am ärmsten und am reichsten von allen ist."

458

Zwar wusste niemand genau, was er damit meinte, aber allen war klar, dass er nach jemand ganz Besonderem Ausschau hielt.

Eines Tages kam der Prinz durch das Dorf, in dem die junge Frau wohnte. Er ließ sein Pferd anhalten und spähte bei ihr durchs Fenster. Die Frau saß am Spinnrad und arbeitete emsig. Als sie aufblickte und den Prinzen sah, errötete sie, schlug die Augen nieder und arbeitete so schnell weiter wie noch nie.

Nachdem der Prinz davongeritten war, kam der jungen Frau ein Spruch in den Sinn, den ihre Großmutter manchmal gesagt hatte: „Spindel, Spindel, geh du aus, bring den Liebsten in mein Haus."

Kaum hatte die junge Frau die Worte gesagt, sprang die Spindel ihr aus der Hand,

tanzte zur Tür hinaus und sprang fröhlich in die Welt hinaus, wobei sie einen hellen, blauschimmernden Faden hinter sich herzog. Schon bald war sie nicht mehr zu sehen. Da die junge Frau nun keine Spindel mehr hatte, nahm sie das Weber-schiffchen in die Hand und setzte sich an den Webstuhl.

Die Spindel war in der Zwischenzeit bis zum Prinzen gelangt.

„Was haben wir denn da?", rief der Prinz. „Die Spindel möchte anscheinend, dass ich ihr folge!"

Er wendete sein Pferd, ritt zurück und folgte dem schimmernden Faden zum Haus der jungen Frau.

Die saß unterdessen am Webstuhl und sang: „Schiffchen, Schiffchen, webe fein, führ den Liebsten mir herein."

Augenblicklich sprang ihr das Weberschiffchen aus der Hand und zur Tür hinaus. Dort begann es vor den Augen der jungen Frau, den schönsten Teppich zu weben, den sie je gesehen hatte. Während das Schiffchen von allein webte, setzte sich die junge Frau hin, um zu nähen. Sie hielt die Nadel in der Hand und sang: „Nadel, Nadel, spitz und fein, mach das Haus dem Liebsten rein."

Da sprang ihr die Nadel aus den Fingern und fegte schnell wie der Blitz in der Stube umher. Sie bedeckte die Tische mit Tischtüchern aus Damast und die Stühle mit Samtkissen. Dann hängte sie seidene Vorhänge vor die Fenster. Kaum hatte die Nadel die letzten Stiche genäht, sah die junge Frau den Prinzen kommen, der dem schimmernden Faden gefolgt war.

Er stieg vom Pferd und ging über den herrlichen Teppich in das hübsch ausgestattete Haus. Die junge Frau stand in ihren armseligen Kleidern da, war aber trotzdem so hübsch, dass sie aussah wie eine von zarten Blättern umgebene Rose.

„Du bist wahrhaftig das ärmste und das reichste Mädchen", sagte der Prinz zu der jungen Frau und nahm ihre Hand. „Komm, werde meine Braut."

Dann küsste er sie, hob sie auf sein Pferd und ritt mit ihr zu seinem Schloss, wo unter großem Jubel Hochzeit gefeiert wurde. Die Spindel, das Weberschiffchen und die Nadel aber wurden sicher in der Schatzkammer des Schlosses verwahrt.

Der Wolf
und die
sieben jungen
Geißlein

Es war einmal eine Geißenmutter, die hatte sieben junge Geißlein. Eines Tages wollte sie in den Wald, um Futter zu holen. Deshalb rief sie die sieben Geißlein zu sich und sagte: „Hütet euch vor dem Wolf!

Wenn ihr ihn hereinlasst, frisst er euch mit Haut und Haar. Wenn er kommt, verstellt er sich vielleicht, um euch zu täuschen. Aber ihr werdet ihn an seiner rauen Stimme und an seinen schwarzen Füßen erkennen."

„Mach dir keine Sorgen um uns, Mutter", blökten die kleinen Geißlein, „wir werden uns schon in Acht nehmen."

Da nahm die Mutter ihren Korb und machte sich auf den Weg in den Wald.

Ein wenig später klopfte jemand an die Tür und rief: „Macht auf, liebe Kinder. Ich bin es, eure Mutter. Ich habe euch etwas Gutes zum Fressen mitgebracht."

Aber die Stimme war dunkel und rau …

„Nein, wir machen die Tür nicht auf!", riefen die Geißlein. „Unsere Mutter hat eine süße und sanfte Stimme. Du bist bestimmt der Wolf!"

Da ging der Wolf – er war es tatsächlich gewesen – weg und aß ein ganzes Glas Honig, damit seine Stimme weich wurde. Dann kam er zurück, klopfte an die Tür und rief: „Macht auf, liebe Kinder. Ich bin es, eure Mutter, ich habe euch etwas Gutes zum Fressen mitgebracht."

Doch dabei legte der Wolf seine schwarzen Pfoten ans Fenster …

„Nein, wir machen die Tür nicht auf!",
blökten die Geißlein. „Unsere Mutter hat
weiße Füße. Du bist bestimmt der Wolf!"

Da sprang der Wolf davon und lief zu
einem Bäcker, wo er einen Sack Mehl stahl.
Das Mehl streute er über seine Füße, bis sie
ganz weiß waren. Dann ging er zum dritten
Mal zum Haus der Geißlein. Wieder klopfte
er und rief: „Macht auf, liebe Kinder. Ich bin
es, eure Mutter, und ich habe euch etwas
Gutes zum Fressen mitgebracht."

Dieses Mal war seine Stimme sanft und
die Pfoten, die er ans Fenster legte, waren
weiß. Die kleinen Geißlein glaubten, was er
sagte, und öffneten die Tür.

Da stürzte der Wolf herein! Die Geißlein
stoben auseinander und versuchten, sich zu

verstecken. Eins sprang unter den Tisch, das zweite unter das Bett, das dritte versteckte sich im Ofen, das vierte rannte in die Küche, das fünfte versteckte sich im Schrank, das sechste unter der Waschschüssel und das siebte in der großen Standuhr. Doch der Wolf fand sie und verschlang eins nach dem anderen. Nur das jüngste Geißlein in der Uhr fand er nicht.

Der Wolf war fürchterlich vollgefressen und fühlte sich gar nicht wohl. Er wankte davon und legte sich unter einen Baum, um sich nach seinem unmäßigen Schmaus auszuruhen.

Bald darauf kam die Mutter der Geißlein aus dem Wald zurück. Ihr bot sich ein schrecklicher Anblick! Die Haustür stand

sperrangelweit
offen. Tisch,
Stühle und Bänke
waren umgewor-
fen, die Wasch-
schüssel war in
tausend Stücke
zersprungen
und Decken
und Kissen

waren vom Bett gerissen. Sie suchte nach
ihren Kindern und rief ihre Namen, konnte
sie aber nicht finden. Endlich entdeckte die
Geißenmutter wenigstens das jüngste
Geißlein, das zitternd in der Standuhr saß.

Sie hob es heraus und es erzählte ihr, dass
der Wolf gekommen war und die anderen

gefressen hatte. Da weinte die Mutter bitterlich über den Verlust ihrer armen Kinder.

Dann lief sie mit dem kleinsten Geißlein los, um den Wolf zu suchen. Bald fanden sie ihn laut schnarchend unter dem Baum. Doch in seinem Bauch bewegte sich etwas! Die Geißenmutter machte große Augen.

„Kann es sein, dass meine armen Kinder noch leben?", sagte sie atemlos.

Sie schickte das kleine Geißlein Schere, Nadel und Zwirn holen. Dann schnitt sie vorsichtig dem Wolf den Bauch auf und alle sechs Geißlein sprangen heraus! Der Wolf war so gierig gewesen, dass er sie im Ganzen verschlungen hatte. Jedes der Geißlein holte einen großen Stein und die Geißenmutter legte sie in den Bauch des Wolfes und nähte ihn wieder gut zu. Sie war so geschickt, dass der Wolf überhaupt nichts davon mitbekam. Dann rannte die Mutter mit den Geißlein schnell nach Hause und verriegelte die Tür.

Nach einer Weile wachte der Wolf auf, denn die Steine in seinem Bauch machten ihn durstig. Also ging er zum Brunnen, um zu trinken. Dabei rumpelten und pumpelten die Steine in seinem Bauch herum. Als er zum Brunnen kam und sich nach vorne beugte, um zu trinken, verlor er durch die schweren Steine das Gleichgewicht und fiel in den tiefen Brunnenschacht. Im Wasser zogen die Steine ihn nach unten und er ertrank.

Die sieben Geißlein und ihre Mutter jedoch lebten glücklich und zufrieden bis ans Ende ihrer Tage.

Die
Gänsemagd

Es war einmal eine Königin, deren Gemahl war schon seit vielen Jahren tot. Sie hatte eine schöne Tochter, die sie über alles liebte. Als die Prinzessin heran-wuchs, sollte sie einen Prinzen heiraten, der in einem fernen Land wohnte. Es brach der

Die Gänsemagd

Königin fast das Herz, wenn sie daran dachte, dass die Prinzessin so weit weg von ihr wohnen würde. Aber sie wusste, dass der Prinz ein guter Mann war und ihre Tochter glücklich machen würde. Daher gab die Königin der Prinzessin viele Reichtümer mit und dazu ein sprechendes Pferd namens Falada. Sie und die Prinzessin verabschiedeten sich unter Tränen. Dann stiegen die Prinzessin und ihre Magd auf ihre Pferde und galoppierten davon.

Nachdem sie eine Weile geritten waren, wurde die Prinzessin sehr durstig. Sie bat ihre Magd, zu einem nahen Fluss zu gehen und ihren goldenen Becher mit Wasser zu füllen.

„Holt Euch das Wasser doch selbst!", erwiderte das Mädchen aber nur grob.

Da sprang die Prinzessin vom Pferd und ging zum Fluss, um zu trinken.

Als die Prinzessin zu ihrem Pferd zurückkehrte, saß ihre Magd im Sattel.

„Ich werde Falada reiten. Ihr könnt meinen Gaul nehmen", sagte sie und die Prinzessin musste auf dem knochigen, alten Pony der Magd reiten.

Aber es kam noch schlimmer: Am Abend zwang die Magd die Prinzessin, ihre königlichen Kleider gegen ihre eigenen schäbigen Kleider zu tauschen, und sie befahl ihr, es niemandem zu sagen, sonst würde sie sie töten.

Sie setzten die Reise fort, nur dass die Magd jetzt die Kleider der Prinzessin trug und auf ihrem edlen Pferd Falada ritt. Die echte Prinzessin aber musste ihr als Magd hinterherreiten. Endlich gelangten sie zum Palast des Prinzen. Der ganze Hof jubelte, als sie ankamen, und der Prinz rannte hinaus, um seine Braut willkommen zu heißen. Er hob die Magd von Falada herunter und geleitete sie in den Palast, weil er glaubte, sie sei die Prinzessin.

Der alte König beobachtete die Ankunft der beiden von einem Fenster aus und sah die echte Prinzessin traurig im Hof stehen. Er fand sie schön und anmutig und eilte davon, um die Braut des Prinzen zu fragen, wer da so traurig herumstünde.

„Ach, nur meine Dienerin", erwiderte die hinterlistige Magd. „Gebt ihr Arbeit, sie soll sich nützlich machen."

Dem König gefiel der Gedanke nicht, dass das hübsche Mädchen schwere Arbeiten verrichten sollte, deshalb schickte er sie zu einem Jungen namens Kürdchen. Dem sollte sie helfen, die Gänse zu hüten.

Die Gänsemagd

Ein paar Tage später sagte die falsche Braut zum Prinzen: „Ich möchte dich um einen Gefallen bitten."

„Was immer du willst, mein Schatz", erwiderte der Prinz.

„Ich hasse dieses Pferd, auf dem ich hierhergeritten bin", nörgelte die falsche Braut. „Ich will, dass es getötet wird."

Natürlich fürchtete sie sich davor, dass Falada die Wahrheit verraten könnte. Als die echte Prinzessin hörte, dass Falada sterben sollte, versprach sie dem Schlachter heimlich ein Goldstück, wenn er Faladas Kopf über das Tor hängte, durch das sie jeden Tag die Gänse trieb.

Früh am nächsten Morgen gingen die Prinzessin und Kürdchen mit den Gänsen zum Tor hinaus. Da sagte die Prinzessin leise: „Oh Falada, da du hangest", und der Kopf antwortete: „Oh du Jungfer Königin, da du gangest, wenn das deine Mutter wüsste, ihr Herz tät' ihr zerspringen."

Als die Prinzessin und Kürdchen mit den Gänsen das Flussufer erreicht hatten, ruhte sich die Prinzessin ein wenig aus. Sie öffnete ihr hochgestecktes Haar, das glänzte wie pures Gold. Kürdchen sah es und fand es so schön, dass er am liebsten eine Strähne davon ausgerissen hätte.

Doch die Prinzessin sagte: „Weh, weh, Windchen, nimm Kürdchen sein Hütchen!"

Daraufhin kam ein so starker Windstoß, dass Kürdchens Hut weggeweht wurde und er gezwungen war, ihm hinterherzulaufen.

Als er zurückkehrte, hatte die Prinzessin ihr Haar bereits gekämmt und wieder hochgesteckt, so dass er sich keine Strähne schnappen konnte. Da wurde Kürdchen zornig und sprach kein Wort mehr mit der Prinzessin. Sie beobachteten nur schweigend die Gänse, bis es Abend wurde und sie nach Hause gingen.

Am nächsten Tag geschah es wieder ganz genauso und auch am Tag danach. Am Abend des dritten Tages hatte Kürdchen genug, er stapfte davon und erklärte dem König: „Mit diesem Mädchen will ich nicht länger Gänse hüten!"

„Warum nicht?", fragte der alte König.

„Es ärgert mich die ganze Zeit!", sagte Kürdchen und erzählte dem König alles: Wie

Die Gänsemagd

die Prinzessin mit dem Pferdekopf am Tor sprach und wie sie es anstellte, dass sein Hütchen jeden Morgen über die Wiesen weggeblasen wurde. Doch der alte König befahl, dass die beiden auch am nächsten Tag wieder die Gänse hinaustreiben sollten.

Er selbst versteckte sich am Stadttor, um zu sehen, was passierte. Da hörte der König mit eigenen Ohren und sah mit eigenen Augen die seltsamen Dinge, die Kürdchen beschrieben hatte. Als die Gänsemagd am Abend nach Hause kam, ließ er sie zu sich rufen. Natürlich konnte sie ihm nicht verraten, was da vor sich ging.

„Wenn ich es sage, werde ich getötet", sagte die Prinzessin traurig und schüttelte den Kopf.

Der alte König überlegte eine Weile und sagte dann: „Wenn du schon nicht mit mir sprechen kannst, warum klagst du dann nicht dem Eisenofen da drüben dein Leid?"

Damit ging er hinaus. Die Prinzessin aber kroch in den Eisenofen hinein und sprach mit ihm, als wäre er ein guter Freund. Sie weinte und erzählte ihm all die schlimmen Sachen, die ihre Magd ihr angetan hatte. Der alte König stand jedoch draußen am Ofenrohr und konnte alles hören!

Kaum hatte die Prinzessin ihre Klage beendet, eilte der König wieder hinein und befahl seinen Dienern, sie in königliche Kleider zu hüllen. Wie schön sie da war!

Dann rief er seinen Sohn und erzählte ihm, dass das Mädchen, das er für seine Braut

482

hielt, in Wirklichkeit die Magd war. Als der Prinz die Gänsemagd sah, verliebte er sich auf der Stelle in sie.

Die boshafte Dienerin aber wurde aus dem Königreich verbannt und musste auf ihrem knochigen, alten Pony fortreiten. Für den Prinzen und die Gänsemagd wurde unter großem Jubel eine herrliche Hochzeit veranstaltet und sie regierten in Frieden und Glück über ihr Land.

Der Eisenhans

Es war einmal ein König, der hatte ein Schloss, das lag nicht weit entfernt von einem großen Wald. Niemand wagte sich in die Nähe dieses Waldes, denn wer es doch tat, kam nie wieder zurück. Eines Tages erschien ein Jäger aus einem fernen Land.

Der Eisenhans

„Ich werde in den gefährlichen Wald gehen", sagte er zum König und verschwand mit seinem Hund zwischen den Bäumen.

Kaum waren sie im Wald, folgte der Hund der Fährte eines Rehs. Doch ein Teich versperrte ihm den Weg, er konnte nicht weiter. Da streckte sich ein Arm aus dem Wasser, packte den Hund und zog ihn in die Tiefe.

Der Jäger rannte zum Teich und erblickte darin einen wilden Mann, dessen Leib braun wie rostiges Eisen war und dessen Haar ihm bis zu den Knien reichte.

Der Jäger rannte zurück zum Palast und holte die Wachen zu Hilfe. Sie sprangen in den Teich, ergriffen den Mann, fesselten ihn und führten ihn zum Schloss. Der König ließ den wilden Mann auf seinem Hof in einen

eisernen Käfig einschließen. Unter Androhung der Todesstrafe verbot er allen, ihn herauszulassen, und gab den Schlüssel der Königin zum Aufbewahren. Dem wilden Mann gab man den Namen Eisenhans und jetzt hatte niemand mehr Angst, in den Wald zu gehen.

Der König und die Königin hatten einen Sohn, der zwölf Jahre alt war. Eines Tages spielte der junge Prinz mit einem goldenen Ball im Hof, da glitt ihm sein Spielzeug plötzlich aus der Hand und rollte geradewegs in den Käfig des Eisenhans hinein.

„Ich gebe dir den Ball zurück, wenn du mich herauslässt", sagte der Gefangene.

Da der Prinz seinen Ball unbedingt wiederhaben wollte, holte er den Schlüssel aus dem Gemach seiner Mutter. Kaum hatte er ihn im Schloss gedreht, sprang der Mann aus dem Käfig, gab ihm den Ball und rannte davon.

„Halt!", schrie der Prinz, der merkte, dass er dabei war, in große Schwierigkeiten zu geraten. Da kam der wilde Mann zurück, hob den Jungen auf seine Schultern und rannte wieder los, geradewegs in den Wald hinein. Als sie tief im Wald waren, blieb Eisenhans stehen und hob den Jungen herunter.

„Hab keine Angst!", sagte er. „Wenn du tust, was ich dir sage, werde ich mich gut um dich kümmern."

Er brachte den jungen Prinzen zu einem Brunnen und sagte: „Setz dich hierhin und pass auf, dass nichts in den Brunnen fällt. Ich werde jeden Abend vorbeikommen und nachsehen."

Da setzte sich der Junge an den Brunnen und passte Tag für Tag auf. Die Jahre vergingen und er sorgte dafür, dass nichts in den Brunnen fiel. Eines Morgens saß er da und betrachtete sein Spiegelbild im Wasser. Er war überrascht, wie lang seine Haare geworden waren. Er beugte sich vor, um besser sehen zu können, und dabei berührte eine seiner langen Haarsträhnen das Wasser. Der Junge richtete sich rasch wieder auf, doch da hatten sich seine Haare in Gold verwandelt und funkelten wie die Sonne.

Der Eisenhans

Als Eisenhans an diesem Abend zurückkam, war er enttäuscht.

„Jetzt hast du doch einen Fehler gemacht und musst mich verlassen", sagte er traurig. „Doch wenn du jemals Hilfe brauchst, komm zurück und ruf dreimal nach mir."

Der junge Mann ließ den Kopf hängen und ging schweren Herzens davon. Als er den Wald hinter sich gelassen hatte, versteckte er sein glitzerndes, goldenes Haar unter einer Mütze, damit es niemand bemerkte. Dann wanderte er, bis er in eine große Stadt gelangte. Dort fand er Arbeit im Garten des Königspalasts.

Einige Zeit später brach ein Krieg aus und der König rief all seine Soldaten zusammen, um sie in den Kampf zu schicken.

„Ich werde auch mitkommen", sagte der junge Palastgärtner, „gebt mir nur ein Pferd!"

Doch die Ritter und Soldaten lachten ihn nur aus. Nachdem die Armee in den Krieg gezogen war, eilte der junge Mann zurück in den Wald und rief dreimal „Eisenhans!".

Da kam der wilde Mann aus dem Wald auf ihn zu und sagte: „Was willst du?"

„Ein starkes Schlachtross, bitte", bat der junge Mann.

Zu seinem Erstaunen brachte Eisenhans ihm eine goldene Rüstung und ein großes Pferd mit feuriger Mähne und rauchenden Nüstern. Dahinter folgte eine Schar Soldaten, deren Schwerter in der Sonne schimmerten.

Der junge Mann galoppierte wie der Wind auf das Schlachtfeld. Dort sah er, dass

490

viele Männer des Königs bereits gefallen waren. Er und seine Soldaten brachen jedoch wie ein Wirbelwind über den Feind herein und gewannen den Kampf. Doch bevor der König ihm danken konnte, war der Palastgärtner davongaloppiert. Er brachte die Rüstung, das herrliche Pferd und die Soldaten zu Eisenhans zurück. Dann eilte er wieder in seine Gärtnerhütte.

Bald darauf veranstaltete der König einen Wettkampf, bei dem ein besonderer Preis ausgesetzt war. Seine Tochter sollte einen goldenen Apfel werfen und wer ihn finge, sollte sie zur Frau bekommen. Natürlich hoffte der König, dass auch der geheimnisvolle Ritter erscheinen würde, damit er herausfände, wer dieser war.

Der junge Palastgärtner indes ging wieder zu Eisenhans in den Wald.

„Ich würde morgen gerne den goldenen Apfel der Prinzessin fangen", sagte er.

„Nichts leichter als das", erwiderte Eisenhans und gab dem jungen Mann wieder die goldene Rüstung und das große Pferd.

Am nächsten Tag warteten alle Ritter des Königreichs auf ihren Pferden vor dem Palast. Die Prinzessin warf ihren goldenen

492

Apfel hoch in die Luft. Als er wieder herunterfiel, ritt der goldene Ritter auf seinem feurigen Pferd an allen vorbei, fing den Apfel und jagte davon. Sein Pferd galoppierte aber so schnell, dass sein Helm herunterfiel und alle seine langen, glänzenden Haare sahen. Der König war bitter ent- täuscht, denn er hatte wieder nicht herausfinden können, wer der Ritter war! Einige Wochen später schaute die Prinzessin aus dem Fenster und entdeckte den Palastgärtner, der allein in einer Ecke des Gartens arbeitete. Es war ein sonniger Tag und schrecklich heiß. Der Gärtner blickte sich um, um zu sehen, ob ihn jemand beobachtete. Da niemand in Sicht war, zog er sich die Mütze vom Kopf, um sich ein wenig Kühlung zu verschaffen. Da konnte die Prinzessin sein langes, goldenes Haar sehen, das fast bis zum Boden herabfiel. Sofort rief sie ihn zu sich.

„Du bist der geheimnisvolle Ritter, der meinen Apfel gefangen und die Schlacht meines Vaters gewonnen hat!", sagte sie ihm auf den Kopf zu. „Du kannst kein einfacher Gärtner sein, wer bist du in Wirklichkeit?"

Da erklärte der junge Mann, dass er ein Prinz sei, woraufhin die Prinzessin ihn küsste.

„Ich wusste es!", rief sie und führte ihn zu ihrem Vater.

Der Eisenhans

Schon bald wurde eine herrliche Hochzeit für das Paar gefeiert und zur großen Freude des Prinzen kamen auch seine Eltern als Gäste, die er viele Jahre nicht gesehen hatte.

Als das Fest noch in vollem Gange war, verstummte zum Erstaunen aller plötzlich die Musik. Die Tür ging auf und ein mächtiger König kam herein, begleitet von vielen Gefolgsleuten.

„Ich bin Eisenhans", erklärte er dem Prinzen. „Ich wurde mit einem Fluch belegt, damit ich aussah wie ein wilder Mann, aber nun ist dieser Fluch gebrochen. All meine Schätze – auch mein goldener Brunnen – sollen dir gehören."

Fortan lebten sie alle glücklich bis ans Ende ihrer Tage.

Der arme Müllerbursche und das Kätzchen

Es war einmal ein armer Müller, der hatte weder Frau noch Kinder. Drei junge Burschen, die das Müllerhandwerk erlernen wollten, arbeiteten bei dem Müller als Lehrlinge.

Als sie schon einige Jahre beim Müller waren, sagte dieser eines Tages zu ihnen: „Ich bin alt und die Arbeit fällt mir zunehmend schwerer. Ich möchte, dass mir jeder von euch ein Pferd bringt. Derjenige, der das beste bringt, dem soll einmal die Mühle gehören."

Gleich am nächsten Tag machten sich die drei Burschen auf den Weg, um ihre Aufgabe zu erledigen. Sie wanderten gemeinsam, bis es Abend wurde. Schließlich gelangten sie zu einer Höhle, in der sie die Nacht verbringen konnten. Die beiden älteren Lehrlinge hatten allerdings einen niederträchtigen Plan geschmiedet: Sie standen auf, während der jüngste Lehrling noch schlief, setzten ihren Weg fort und ließen den Jungen einfach in der Höhle zurück.

Als Hans, der jüngste Lehrling, aufwachte, war er bestürzt. Er verließ die Höhle und machte sich traurig wieder auf den Weg. Unterwegs begegnete ihm eine kleine, graue Katze, die ihn freundlich ansprach.

„Hans", sagte sie, „ich weiß, was du suchst."

Hans war so erstaunt, dass er kein Wort herausbekam, deshalb fuhr die Katze fort: „Du willst ein schönes Pferd finden", sagte die Katze. „Komm mit und sei sieben Jahre lang mein Diener, dann werde ich dir das schönste Pferd schenken, das du je gesehen hast."

„Das ist aber eine wunderliche Katze", dachte Hans bei sich. „Aber vielleicht sagt sie ja die Wahrheit."

Er folgte der Katze in ihr verwunschenes Schloss, wo es noch viele andere Katzen gab,

Der arme Müllerbursche und das Kätzchen

die ihr dienten. Flink huschten sie treppauf,
treppab und alle schienen glücklich zu sein.

Als sich Hans und die graue Katze zum
Abendessen trafen, machten drei Katzen
Musik: Eine blies auf dem Fagott, eine
strich die Fiedel und die dritte
spielte mit dicken Backen
Trompete.

„Nun bringt ihn zu seinem Bett", befahl die graue Katze, als es spät geworden war.

Eine der Katzen trug eine Kerze und führte Hans zu seinem Schlafgemach. Eine zweite zog ihm die Schuhe aus, eine dritte die Socken und eine vierte deckte ihn zu und blies die Kerze aus.

Am nächsten Morgen kehrten die Katzen zurück und halfen Hans aus dem Bett. Eine zog ihm die Socken an, die zweite schob seine Füße in die Schuhe und eine dritte wusch ihm das Gesicht und trocknete es mit ihrem Schwanz ab.

„Daran könnte ich mich gewöhnen", dachte Hans glücklich. Doch dann musste er arbeiten. Die graue Katze wollte, dass Hans Holz hackte. Dazu gab sie ihm eine silberne

Axt und er machte sich an die Arbeit. Er wohnte bei den Katzen, arbeitete hart und war sehr zufrieden. Einmal bat ihn die graue Katze, das Getreide auf ihren Feldern zu ernten. Ein anderes Mal verlangte sie von ihm, dass er ihr ein kleines Haus baute. Die sieben Jahre vergingen, als wären es sieben Monate.

Schließlich fragte die graue Katze Hans, ob er ihre Pferde sehen wollte.

„Oh ja, sehr gerne", antwortete Hans.

Die graue Katze öffnete die Tür zu ihren Ställen und da standen zwölf Pferde, die so prächtig schimmerten, dass sein Herz bei ihrem Anblick einen Sprung machte.

„Geh jetzt zurück zur Mühle", sagte die graue Katze, „und in drei Tagen werde ich dir ein Pferd bringen."

Hans vertraute der Katze und wanderte in Richtung der Mühle davon.

Die beiden anderen Lehrlinge waren schon vor langer Zeit zurückgekehrt und jeder von ihnen hatte einen alten Gaul mitgebracht. Sie verhöhnten und verspotteten Hans, als sie ihn kommen sahen. Er hatte überhaupt kein Pferd dabei und außerdem trug er noch immer denselben schmutzigen Kittel wie sieben Jahre zuvor, als sie ihn das letzte Mal gesehen hatten. Die beiden Lehrlinge sagten ihm sogar, er sähe zu zerlumpt aus, um in die Mühle kommen und mit ihnen essen zu dürfen. Stattdessen brachten sie ihm einen winzigen Happen in die Scheune, wo er nachts im Heu schlafen musste. Hans nahm das jedoch mit großem Gleichmut hin.

Am nächsten Morgen waren drei Tage vergangen, seit er die graue Katze verlassen hatte. Bei Sonnenaufgang fuhr eine goldene Kutsche vor der Mühle vor, die von sechs schimmernden Rössern gezogen wurde. Auf einem siebten ritt ein Stallknecht hinterher.

Die Kutsche hielt vor der Scheune an und eine schöne Prinzessin stieg aus. Hans war erstaunt, als sie auf ihn zuschritt und das Wort an ihn richtete.

„Ich war die kleine, graue Katze", sagte sie, „der du sieben Jahre lang so treu gedient hast. Nun will ich dich für deine harte Arbeit reich belohnen."

Sie klatschte in die Hände und ein Diener trat vor. Er hatte königliche Kleider dabei, die er Hans anzog. Als Hans damit bekleidet war, sah er prachtvoller aus als jeder Prinz. Dann machte sich die Prinzessin auf, den Müller zu suchen. Sie wollte die Pferde sehen, welche die anderen Lehrlinge mitgebracht hatten. Diese boten einen armseligen An-blick: Eines war fast blind, das andere lahm. Da befahl die Prinzessin dem Stall-burschen, das siebte Pferd herzubringen, das sie für Hans mitgebracht hatte. Der Müller bewunderte das herrliche Tier.

„Die Mühle gehört Hans", sagte er sofort und griff nach den Zügeln.

Doch die Prinzessin schüttelte den Kopf.

„Behalte deine kleine Mühle", sagte sie, „und das Pferd auch."

Dann geleitete sie Hans in die goldene Kutsche und fuhr mit ihm davon. Sie fuhren geradewegs zu dem kleinen Haus, das er gebaut hatte, und Hans sah, dass es sich in ein herrliches Schloss verwandelt hatte, angefüllt mit prächtigen Schätzen. Er war nun reicher, als er sich je hatte träumen lassen.

Die Prinzessin vermählte sich mit ihm und sie lebten glücklich und zufrieden bis ans Ende ihrer Tage.

Die
Sterntaler

$\mathcal{E}$s war einmal ein Mädchen, dem waren Vater und Mutter gestorben. Es war bald so arm, dass es sich nicht mehr leisten konnte, in dem kleinen Haus seiner Eltern zu wohnen. Es musste in die Welt hinausgehen mit nichts als den Kleidern, die

506

es auf dem Leib trug, und einem kleinen Stück Brot in der Hand.

Auf der Straße begegnete ihm ein armer Bettler, der sagte: „Ach, bitte, gib mir etwas zu essen, ich bin so hungrig!"

Das Mädchen blickte auf sein Stückchen Brot und sein leerer Magen knurrte. Dann sah es in die flehenden Augen des Bettlers.

„Gott segne es dir", sagte es und gab dem Mann das ganze Stück Brot.

Das Mädchen ging weiter und begegnete einem kleinen Jungen, der am Straßenrand saß. Der Junge war dünn und er zitterte, weil der Wind so kalt war.

„Es friert mich so am Kopf", jammerte der kleine Junge, „bitte, gib mir etwas, womit ich ihn bedecken kann."

Da nahm das kleine Mädchen seine Mütze ab und gab sie ihm. Dann ging es weiter, bis es einem anderen Kind begegnete, das noch ärmer war und noch mehr fror als der kleine Junge. Es hatte ein bleiches Gesicht und starrte aus seinen dunklen, eingesunkenen Augen zu dem Mädchen auf. Das Mädchen zog seine Jacke aus und legte sie dem Kind mit einem gütigen Lächeln um die Schultern.

Ein Stückchen weiter sah das kleine Mädchen ein Bündel

Lumpen in einem Hauseingang liegen. Es kam näher und zu seinem Entsetzen entpuppte sich das Bündel als ein abgemagertes Mädchen, das nichts als Fetzen am Leib hatte. Das Mädchen zögerte nicht: Es zog seinen Kittel aus und zog ihn dem anderen Mädchen an.

Nun zitterte das Mädchen selbst, doch das war ihm gleichgültig. Es wanderte in einen tiefen, dunklen Wald. Dort, zwischen den Bäumen, fand es ein weiteres armes, verlassenes Kind. Dessen Füße waren nackt und bluteten, zerkratzt von spitzen Steinen und Dornen. Das Mädchen konnte beinahe spüren, welche Schmerzen das Kind haben musste. Es bückte sich, zog seine eigenen kleinen Schuhe aus und bot sie dem Kind an.

Das nahm sie und bedankte sich von ganzem Herzen.

Da machte sich das Mädchen wieder auf den Weg. Nun hatte es überhaupt nichts mehr, nicht ein einziges Ding, das es hätte verschenken können. Es fragte sich, was aus ihm werden würde.

Das kleine Mädchen blickte zum dunklen Himmel hinauf und betrachtete die Millionen von Sternen, die dort oben funkelten. Sie glitzerten hell und

Die Sterntaler

strahlten … und auf einmal fielen sie vom Himmel herab! Das kleine Mädchen glaubte zu träumen, doch überall um es herum fielen glänzende Taler herunter. Es klatschte in die Hände und lachte vor Freude. Dann beeilte es sich, so viele einzusammeln, wie es tragen konnte.

Von nun an war es sein ganzes Leben lang reich und lebte glücklich und zufrieden bis ans Ende seiner Tage.

Die Künstler

Laurence Cleyet-Merle

Die französische Künstlerin verwendet für ihre Illustrationen vor allem Acrylfarbe. Mit den leuchtenden Farben auf ihren Bildern versucht sie, das Licht ihrer Heimatstadt Marseille einzufangen.

Louise Ellis

Kinderbücher sind die Leidenschaft der britischen Künstlerin. Sie stellt ihre verspielten Illustrationen mit Acryl- und Aquarellfarben, Bleistiften, aber auch mit Strukturpaste und in Collagetechnik her.

Atyeh Zeighami

Ihre verträumten, surrealen Illustrationen kreiert die iranische Künstlerin digital zu Hause in Teheran. Die größte Inspirationsquelle für ihre Arbeit ist ihre Mutter, eine Künstlerin und Professorin.

Claudia Venturini

Die Künstlerin aus Ferrara in Italien verwendet üppige, warme Farben, um fantastische Figuren und Orte zum Leben zu erwecken. Neben ihrer Arbeit als Illustratorin organisiert sie Malkurse für Kinder.

Martina Peluso

Seit sie als Kind Roald Dahls Buch „Sophiechen und der Riese" gelesen hatte, war der in Neapel geborenen Künstlerin klar, dass sie Bilder für Kinderbücher malen wollte. Die Illustratorin liebt es zu reisen und lebt derzeit in Schottland.

Ayesha Lopez

Schon als Kind hat die in London lebende Illustratorin gern gezeichnet – zum Leidwesen ihrer Eltern gerne auch auf den Möbeln. Heute kombiniert sie für ihre bezaubernden und skurrilen Illustrationen Papier und Computer.

Kristina Swarner

Die Inspiration für ihre oft als magisch und verträumt beschriebenen Arbeiten bezieht die US-Amerikanerin aus den Erinnerungen an ihre Kindheit: an das Erkunden alter Häuser, Gärten und Wälder. Sie lebt in Chicago.

Mónica Carretero

Die in der spanischen Stadt Segovia lebende Künstlerin sagt über sich selbst, ihr Kopf gleiche einer Hütte, die mit Figuren angefüllt ist – und alle wollen wissen, wann sie endlich ihre Geschichte erzählen und sie zeichnen würde.

Bruno Robert

Der Illustrator liebte es schon als Kind, zu zeichnen und mit Farben zu spielen. Heute kreiert er süße, lustige, kunterbunte Bilderbuchwelten in seiner Heimat, der Normandie, wo er auch geboren wurde.

Lucia Masciullo

Es sind besonders die dynamischen Kompositionen und drolligen Figuren in Acryl- oder Aquarellfarben, die den Bildern der australischen Künstlerin ihre frische, zeitgemäße Wirkung verleihen.

Polona Kosec

Die in Slowenien lebende Künstlerin gestaltet am liebsten Illustrationen für Kinderbücher. Sie schafft mit Farben verzauberte Welten, wobei eine ihrer wichtigsten Inspirationsquellen die Natur ist.

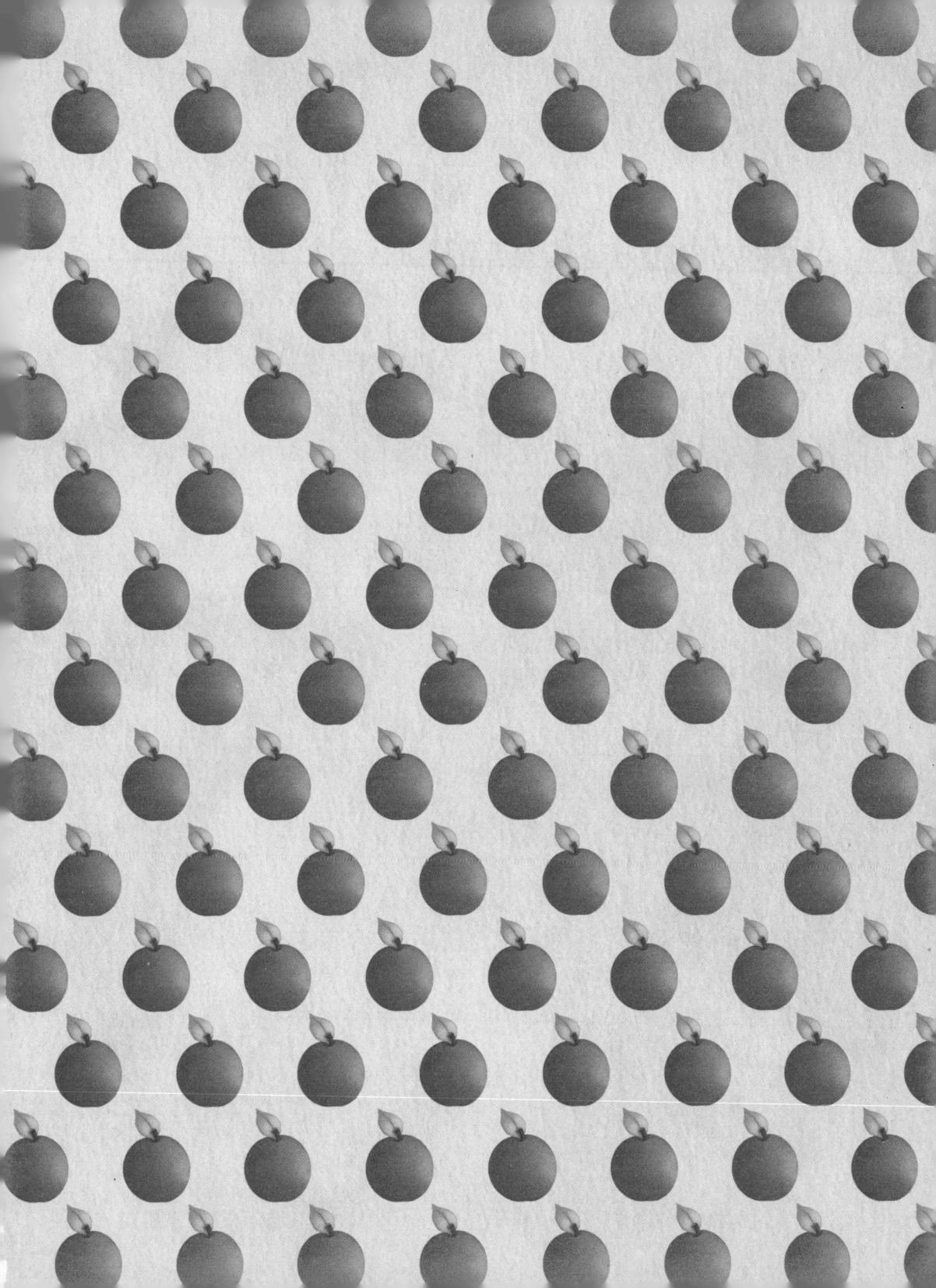

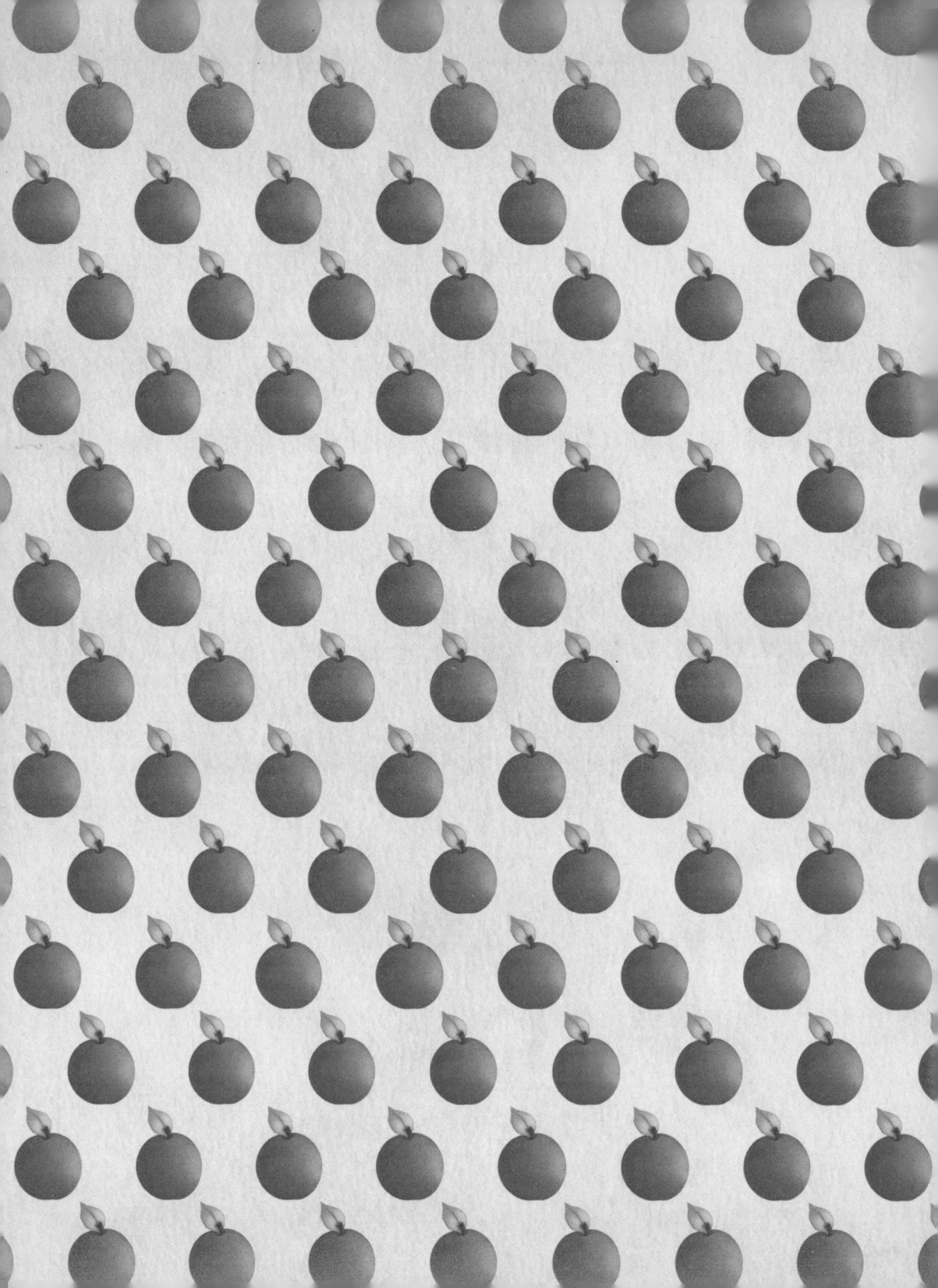